R&D 혁신의 기술

R&D 혁신을 위한 7가지 핵심 실행 전략

Copyright ⓒ acorn Publishing Co., 2011. All rights reserved.

이 책은 에이콘출판주식회사가 저작권자 액센츄어와 정식 계약하여 발행한 책이므로
이 책의 일부나 전체 내용을 무단으로 복사, 복제, 전재하는 것은 저작권법에 저촉됩니다.
저자와의 협의에 의해 인지는 붙이지 않습니다.

R&D 혁신의 기술

R&D 혁신을 위한 7가지 핵심 실행 전략

액센츄어 지음

저자 소개_

액센츄어 http://www.accenture.com

액센츄어는 전 세계 53개국에 약 21만 5천명의 직원을 둔 글로벌 기업으로, 경영전략에서 테크놀로지, 아웃소싱에 이르기까지 경영 전반에 걸쳐 종합적인 컨설팅 서비스를 제공한다.

산업별 전문 지식과 검증된 경험을 바탕으로 최상의 서비스를 제공하고 있으며, 비즈니스 혁신의 동반자로서 고객사가 비전을 달성하고 유형의 가치를 창출할 수 있도록 돕고 있다.

액센츄어는 IAOP International Association of Outsourcing Professionals에서 선정한 글로벌 아웃소싱 기업에서 2010년까지 4년 연속 1위를 차지하였으며, 〈비즈니스위크〉 선정 세계 IT 20대 기업에 2009년까지 3년 연속 이름을 올렸다. 2010년 기준 216억 달러의 매출을 달성하여 관련 분야 세계 1위 자리를 지키고 있다.

액센츄어코리아는 1986년 설립된 국내 제 1세대 컨설턴트 그룹으로, 국내 상위 30대 기업을 대상으로 다수 프로젝트를 수행하는 등 국내 최대 컨설팅 경험을 보유하고 있다.

서문_

그동안 국내 기업들은 높은 생산성과 강한 실행력을 바탕으로 혁신 기술을 도입해 제품 상용화에 성공했지만, 이제 따라하기 식의 R&D 전략만으로는 글로벌 시장에서 더 이상 경쟁력 있는 브랜드를 만들어 가기 어려운 상황에 봉착했다. 글로벌 시장은 소위 혁신 주도형 경제 모델로 넘어가고 있다. 기술 혁신을 주도하는 기업은 특허라는 지식 자산을 방패로 삼아 혁신 제품을 개발하고, 이를 고객에게 판매함으로써 엄청난 성과를 올리고 있다. 이제 시장을 지배하는 이노베이션 리더가 되는 기업만이 치열한 생존 경쟁에서 살아남을 수 있는 시대가 되었다.

액센츄어 글로벌 서베이에 따르면, 혁신 주도형 기업들의 30%가 신제품 아이디어의 50% 이상을 외부 파트너로부터 수집해 개발에 접목하고 있으며, 기존 제품 개발에 활용된 플랫폼을 최대 70%까지 새로운 제품 개발에 활용함으로써 제품 개발 기간과 소요 자원을 20~30% 가량 줄이고 있다. 이와는 반대로 일반 기업의 경우 출시된 신제품의 90%가 기대했던 목표를 도달하지 못하거나, 출시된 신제품의 73%가 계획 일정을 맞추지 못하는 것으로 조사되었다.

애플의 CEO 스티브 잡스는 "혁신이야말로 리더를 구분 짓는 것 (Innovation distinguishes between a leader and a follower)"이라고 말했다. 스티브 잡스 주도하에 상위 1%의 직원과 토론회 방식으로 진행되는 아이디어 회의를 통해 애플의 수많은 혁신 기술이 세상에 나올 수 있었다.

액센츄어는 이 책을 통해 국내 기업들이 글로벌 이노베이션 리더로서 성장하기 위한 R&D 혁신의 기술 7가지를 제시한다. (1) 고객 요구사항 반영을 위한 R&D 전략 (2) 혁신 제품을 위한 R&D 포트폴리오 전략 (3) 신기술 획득을 위한 R&D 전략 (4) 개방형 혁신을 통한 아이디어 관리 전략 (5) 플랫폼, 모듈화를 통한 R&D 효율화 전략 (6) 글로벌 R&D 운영 최적화 (7) R&D 운영 효율화 전략이 바로 그것이다.

각 장에서는 R&D 혁신을 추진하기 위한 상세 전략과 구체적인 실행 방안, 그리고 다양한 혁신 성공 사례를 예를 들어 설명한다. 또한 국내 기업에 대한 시사점을 통해 기업들이 R&D 혁신을 추진함에 있어 필수적으로 고려해야 할 사항에 대해서도 상세한 가이드를 제시한다.

이제 국내 기업들도 이노베이션 리더로서 감수해야만 하는 R&D 리스크를 최소화 하기 위한 방안과 R&D 투자 효율을 극대화 할 수 있는 방안을 찾는 데 눈을 돌려야 한다. 이에 국내 기업들이 R&D 프로세스에서 일반적으로 범하는 오류와 문제점을 적시하고, 이를 개선하기 위한 방안을 찾으려는 노력을 해야 할 때이다.

액센츄어는 이러한 기업들의 R&D 혁신에 실질적인 도움을 주기 위하여 이 책을 출간하게 되었다. 이 책은 R&D 혁신을 위한 새로운 방향과 틀을 제시하고자 액센츄어가 지난 수년 간에 걸쳐 쌓아온 R&D 프로젝트 경험과 국내외 R&D 전문가의 노하우를 응집하여 집필했음을 밝혀둔다.

이 책을 통해 국내 기업들이 R&D 혁신의 필요성에 눈을 뜨고, 새로운 성장 동력을 찾는 데 조금이나마 도움이 되기를 기대한다.

대표저자 김정욱 전무
액센츄어 경영컨설팅 SCM Lead

목차_

저자 소개 _ 4

서문 _ 5

1장 R&D 혁신: 성장을 위한 과제 _ 11

기업을 둘러싼 환경의 변화 _ 13

환경 변화에 대응하기 위한 기업 R&D 전략 _ 17

이 책의 구성 _ 23

2장 고객 요구사항 반영을 위한 R&D 전략 _ 33

고객 요구사항을 이해하라 _ 36

고객 요구사항 이해를 위한 방안 _ 38

고객 요구사항을 반영하기 위한 방안 _ 55

국내 기업에 대한 시사점 _ 63

3장 혁신 제품을 위한 R&D 포트폴리오 전략 _ 71

국내 제조업의 개발 전략 현주소 _ 74

사업 전략 수립에서 개발 실행까지 _ 75

포트폴리오 관리 _ 80

국내 기업에 대한 시사점 _ 100

4장 신기술 획득을 위한 R&D 전략 _ 105

패스트 팔로워를 넘어 이노베이션 리더로 _ 107

신기술 획득 프레임워크 _ 108

지적자산 관리 _ 121

국내 기업에 대한 시사점 _ 123

5장 개방형 혁신을 통한 아이디어 관리 전략 _ 129

외부 자원을 활용하라: 개방형 혁신 _ 132

개방형 혁신의 대상과 주요 역량 _ 136

국내 기업에 대한 시사점 _ 144

6장 플랫폼/모듈화를 통한 R&D 효율화 전략 _ 153

기업 환경 변화와 플랫폼 _ 157

플랫폼과 모듈화에 대한 이해 _ 160

플랫폼 확산 전략 _ 168

플랫폼 활용의 고려사항 _ 172

모듈화 방법론 _ 177

국내 기업에 대한 시사점 _ 178

7장 글로벌 R&D 운영 최적화 _ 187

연구개발의 세계화: 글로벌 R&D 운영 전략 _ 190

글로벌 R&D 운영 모델 _ 192

R&D 공유 서비스와 R&D 딜리버리 센터 _ 198

협업 R&D _ 208

R&D 인력과 자산의 글로벌 공유 _ 212

국내 기업에 대한 시사점 _ 215

8장 R&D 운영 효율화 전략 _ 223

더 짧은 시간에 더 혁신적인 제품을 개발하라 _ 225

개발 단계의 운영 효율성 향상을 위한 노력 _ 229

국내 기업에 대한 시사점 _ 245

마치면서 _ 252

찾아보기 _ 254

1장
R&D 혁신: 성장을 위한 과제

기업을 둘러싼 환경의 변화

연구개발 혹은 R&D. 우리에게 무척 익숙하지만 막상 설명하기는 쉽지 않은 용어이다. 연구개발이란 무엇일까? 용어상 의미로 보면 리서치Research는 기초 연구와 그 응용화 연구, 디벨로프먼트Development는 이러한 연구 성과를 기초로 제품화까지 진행하는 개발 업무를 가리킨다. 업무적인 측면에서 볼 때는 기초 연구, 제품 아이디어 탐색, 아이디어 평가, 제품화 결정, 제품 개발 및 검증, 양산 이관, 생산에 이르는 일련의 과정을 일컫는다.

최근 트렌드를 보면 기업의 R&D 역량은 기업의 단기적 성과뿐 아니라 장기적 생존까지도 좌우한다. 현재 기업이 생산하는 제품들은 불과 10년 전만 해도 거의 존재하지 않았다. 이는 기술과 고객 성향의 끊임없는 변화로 인해 새로운 제품을 지속적으로 개발해온 결과다. 이러한 변화에 적절히 대응하지 못하는 기업은 도태될 수밖에 없게 됐고, 이같은 비즈니스 환경의 변화는 기업의 R&D 역량 확보에도 영향을 미치고 있다. 최근 일어나고 있는 몇 가지 변화를 살펴보자.

똑똑해진 소비자

과거에는 기업이 제품을 만들면 소비자는 원하든 원하지 않든 그 제품들 중에서 선택해서 구매할 수밖에 없었다. 그러나 최근에는 소비자가 주도적으로 니즈를 만들어내고, 기업은 고객 니즈를 빨리 파악하여 수용해야만 하는 상황에 처해 있다. 이러한 고객 니즈 변화를 몇 가지로 요약하면 다음과 같다.

첫째, 소비자의 취향이 급속하게 변한다. 과거에 소비자들이 선호하던 기능은 더 이상 유효하지 않다. 소비자들이 TV, 영화 등 다양한 매체로부터 정보를 흡수하면서 소비자의 취향과 니즈는 급속하게 변하고 있다.

둘째, 소비자의 기대가 매우 복잡하다. 고객들은 다양한 신제품을 접하면서 제품 간 장벽을 넘어 복합적이고 융합된 니즈를 만들어내고 있다. 휴대전화는 더 이상 통신기기가 아니라 다양한 엔터테인먼트 도구가 되었다. 나아가 휴대폰을 이용해 결제를 하거나 가전제품을 제어하기를 원하는 등 소비자의 기대가 더욱 복잡해지고 있다.

셋째, 욕구가 다양해지고 있다. 세대 간, 지역 간 다양한 세분화 Segmentation 속에서 각각의 독특한 욕구가 생겨나고 있다. 기업은 이를 정확히 타깃팅 targeting 해서 신제품을 만들어야 성공할 수 있다. 노인들을 위해 글자 크기를 키우고 기능을 단순화한 휴대전화, 10대들을 위해 깜찍한 아이콘으로 무장한 휴대전화 등이 대표적인 예라 할 수 있다.

시장의 글로벌화

시장의 글로벌화는 기업에게 있어 주요한 도전 요소 중 한 가지이다. 과거, 기업은 국내 시장에 먼저 제품을 출시하고, 성공하면 해외의 다양한 국가 특색에 맞추어 글로벌 시장에 진출했었다. 하지만 최근에는 글로벌 진출 방식이 바뀌고 있다. 전자업계의 경우 기업 간 치열한 신제품 출시 경쟁으로 인해 전 세계 동시 출시가 일반적인 추세로 자리를 잡고 있다. 적기 출시 Time to Market 경쟁으로 인해 기본 모델이 출시된 후 1~2개월 내에 글로벌 시장에도 출시해야 하는 상황에 직면하게 되면서, 기업들은 기본 모델과 지역별 모델을 동시에 개발하고 있다. 그리고 이를 잘 관리하기 위하여 형상 관리 Configuration Management* 등 더 정교한 프로세스 역량이 필요해졌다.

* 시스템 형상 요소의 기능적 특성이나 물리적 특성을 문서화하고 그들 특성의 변경을 관리하며, 변경의 과정이나 실현 상황을 기록·보고하여 지정된 요건이 충족되었다는 사실을 검증하는 것 또는 그 과정

다른 시장 영역으로부터의 경쟁 압력

컨버전스Convergence**의 영향도 있겠으나, 최근에는 급격한 시장 변동과 기술 변화 탓에 핵심 경쟁 요소가 바뀌면서 생각지도 못한 업체들이 경쟁자로 부각되기도 한다. 대표적인 예가 미국의 애플이다. 하드웨어 사양이나 구매/생산 등이 주요 경쟁 요소였던 환경에서 기술 생태계 구축과 관리 역량(예를 들어 앱스토어)이 주요 경쟁 요소가 되는 환경으로 바뀌면서, 애플은 단숨에 노키아, 삼성전자에 강력한 위협이 되는 경쟁자로 등장했다. 또한 안드로이드, 윈도 모바일 등 플랫폼 운영체제가 등장하면서 HP나 레노보 같은 PC 회사들이 휴대폰 사업에 뛰어들고 있는 것도 경쟁이 더 치열해지는 예라 할 수 있다. 즉 미래의 경쟁 요소가 무엇인지 끊임없이 고민하고, 이를 R&D에 반영하는 노력을 게을리한다면 생각지도 못했던 기업이 경쟁자로 나타나 시장을 장악하는 일이 일어날 수 있다.

** 융복합화. 여러 기술이나 성능이 하나로 융합되거나 합쳐지는 일.

생산과 유통 업체의 수직적 통합

고객과 기업 간의 계층 구조도 영향을 받고 있다. 유통업체의 자체 브

랜드PB, Private Brand 상품이 좋은 예라 할 수 있다. 이제 유통업체는 생산된 제품의 유통자에 그치는 것이 아니라 신제품을 기획하고 제품 개발을 위한 요구사항을 만들어내는 포지션으로 이동하고 있다. R&D는 더 이상 제조업의 전유물이 아닌 것이다. 핵심 기술을 개발하고 특허를 보유하는 것도 중요하지만, 이제는 소비자의 니즈를 누가 먼저 파악하고 그것을 제품 개발에 반영하는가가 기업의 R&D 역량에 매우 중요한 요소가 되었다. 기업들은 더 치열한 경쟁에 내던져진 것이다.

급속한 기술 진보

다양한 신제품의 빠른 출시는 제품의 수명주기life cycle를 줄이는 데 많은 영향을 미친다. 제품의 수명이 다해서라기보다 기술의 빠른 발전이 신기술을 적용한 제품 출시로 이어지고, 지속적인 신제품 출시로 인하여 소비자의 기호가 변화되어 새로운 제품에 대한 구매를 이끌어낸다. 이에 따라 제품의 수명주기는 지속적으로 줄어들고 있다. 또한 기술의 비약적인 발전은 기업의 중장기 경영 전략 및 계획 수립을 어렵게 만든다. 따라서 기업들은 시장 및 기술 환경의 변화를 빠르게 인지하여 이를 경영 전략과 그에 따른 R&D 전략에 신속히 반영하고 이를 토대로 기업의 한정된 제품 개발 자원을 필요한 곳에 집중하는 역량이 필요해졌다.

액센츄어가 조사한 2009년 서베이 결과에 따르면, 시장, 고객, 기술 환경의 변화에 따라 많은 기업들이 제품 개발의 목적을 달성하지 못하는 것으로 조사되었다. 그 중 몇 가지를 정리하면 다음과 같다.

- 출시된 신제품의 90%가 기대했던 목표를 도달하지 못함
- 출시된 신제품의 73%가 계획 일정을 맞추지 못함
- 조직원의 65%만이 프로젝트 정보에 아주 제한적으로 접근이 가능함
- 69%의 회사가 완전한 신제품 출시를 재무적, 전략적으로 관리하지 못함

환경 변화에 대응하기 위한 기업 R&D 전략

변화하는 환경에 신속하게 적응하고 대응하기 위해서는 기업이 직면한 다양한 도전 요소들에 대해 정확하게 이해하는 것이 매우 중요하다. 여기서는 기업들이 R&D 측면에서 직면하고 있는 다양한 도전 요소에 대해서 살펴본다.

제품/기술 개발 포트폴리오 관리 역량 확보

그 동안 제품 개발 프로세스나 혁신 과제들은 주로 제품 개발을 어떻게 효율적으로 할 것인가, 즉 투입된 맨먼스M/M, man/month를 효율적으로 사용하여 품질Quality을 높이면서, 개발비용Cost을 줄이고, 개발기간Delivery을 단축하는 것에 초점을 맞추었다. 물론 현재도 이러한 관점(Q, C, D)은 매우 중요하다. 하지만 최근에는 어떻게 제품을 개발할 것인가(효율성, efficiency)라는 관점과 함께 어떤 제품을 개발할 것인가(효과성, effectiveness)에 더욱 초점이 맞추어지고 있다. 기업이 R&D에 투자하는 자금과 인적 자원은 유한하기 때문에 시장의 요구사항에 맞는 최적의

제품을 개발하기 위해 최적의 제품/기술 개발 포트폴리오를 보유하는 것이 매우 중요한 제품 개발 역량으로 떠오르고 있다.

이제 만들면 팔리는 시대는 끝났다. 소비자의 욕구와 기대에 맞는 제품을 개발하고 자사의 제품 전략과 기술 전략에 맞춰 조율된 제품/기술의 개발이 이루어지도록 하기 위해서는 다양한 노력이 필요하다. 기업의 비즈니스 전략으로부터 제품 전략과 기술 전략을 도출하고, 이를 바탕으로 제품/기술 포트폴리오를 설정한 후 지속적으로 개발 과제를 평가하여 시장에서 효용성이 떨어지는 제품은 과감하게 개발을 중단하며 잘 팔리고 이윤이 많이 남는 제품에 집중해야 한다. 제품 전략만으로는 부족한 시대인 지금, 기업들은 제품 전략을 바탕으로 제품/기술 포트폴리오 Product/Technology Portfolio 관리 역량을 확보하는 것이 중요한 과제가 되고 있다.

증대된 제품 복잡성의 효과적 관리

고객의 선호도와 라이프스타일이 다양해지면서 기업들은 더 많은 제품 라인업을 갖추어야 한다. 제품 종류가 증가함에 따라 이를 제조하기 위한 부품의 종류도 기하급수적으로 증가하였으며, 이에 따른 공급사슬 관리비용이 증가하는 문제점이 초래되었다. R&D 단계에서부터 제품 복잡성을 충실히 관리하지 않으면, 공급사슬 관리비용이 크게 증가할 뿐만 아니라 프로세스의 복잡성 또한 증가하여 결국은 감당할 수 없는 수준에 이르기도 한다. 복잡성을 증가시키는 요인은 다양한데 그 중 몇 가지를 살펴보면 다음과 같다.

- 고객의 선호도와 라이프스타일 변화로 인해 신제품에 대한 기대치가 높아지고 다양화되고 있음
- 기술의 급속한 발전이 제품 개발 속도를 촉진하고 있음
- 이러한 시장의 도전에 대응하고 고객들을 유인하기 위해, 기업들은 더욱 더 다양한 신제품을 개발함으로써 제품 라인업을 늘리려는 경향이 생겨남
- 시장에서는 파생 제품 증가로 새로운 고객이 창출되고 매출도 증가함. 그 결과 매출 주도 시장에서 기업들은 더욱 더 복잡한 제품 구조를 가지게 됨
- 세계화와 다양한 기술 표준들 역시 제품의 다양화를 촉진하는 데 역할을 하고 있음
- 다양한 파생 모델을 가지는 자동차나 수백 개의 파생 모델을 가지는 의료기계는 더 이상 특별한 이야기가 아님
- 불행하게도 제품 복잡성의 증가는 더욱 더 복잡한 기업 내부 프로세스를 요구하게 되고, 많은 영역(예를 들어 품질 보증이나 고객 서비스)에서의 비용 증가로 이어지고 있음
- 특정한 수준의 복잡성에 이르게 되면 기업이 지불해야 하는 비용은 기하급수적으로 늘어 결국 파생된 제품product variant으로 얻은 이익을 상쇄함. 결과적으로 복잡성을 관리하는 것이 제품 개발 프로세스상 매우 중요한 주제가 됨

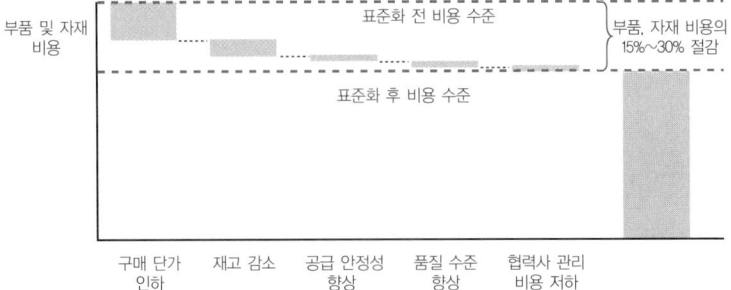

그림 1-1 부품 및 자재 표준화에 따른 비용 절감 효과 (출처: 액센츄어, 2009)

오늘날 전자/통신 업계에서 제품 생산을 위한 부품이나 자재, 설비가 급증한 원인은 치열한 경쟁과 급격한 변화의 속도 때문이라고 할 수 있다. 또한 이러한 급박한 변화의 시기에 기업들이 개발/조달 기능을 단순화하고 표준화된 프로세스로 변환하기 위한 노력을 할 만한 시간이나 조직적인 여력이 부족한 것도 사실이다. 그림 1-1은 부품이나 자재 표준화에 따라 비용을 얼마나 절감할 수 있는지를 보여준다.

이외에도 제품 복잡성을 증가시키는 기업 내부의 다양한 다른 요인들이 존재하는데 그 중 몇 가지를 살펴보면 다음과 같다.

- 제품 개발 프로세스에 대한 조정과 통제의 미흡
- 부품이나 반제품의 분화가 가져오게 될 재무적인 영향에 대한 이해 부족
- 표준화를 촉진하기 위한 프로세스와 툴^{tool} 부족
- 내부 문화 및 조직적 이슈
- 제품 관련 의사결정의 분산
- 제품 개발 조직의 구매에 대한 영향력의 미흡

- 제품의 물리적 구조나 원가 구조에 대한 분석 역량 미흡

이렇게 다양한 요인들에 의해 제품 복잡성product complexity이 증가함에 따라 이를 효과적으로 관리하고 단순화하기 위한 역량이 무엇보다 중요하다.

신속한 제품 출시 역량 확보

그림 1-2에서 보면 알 수 있듯이 개발된 제품의 수명주기가 급격히 감소하고 있다는 것 또한 중요한 도전 요소 중 하나이다. 이로 인해 신제품을 시장에 출시해 이익을 낼 수 있는 기간이 매우 짧아지고 있다. 즉, 하나의 제품을 개발해 해당 제품의 수명주기 동안 이익을 낼 수 있는 프로핏 윈도우Profit Window*(그림 1-3 참조)가 지속적으로 줄어들고 있으므로, 기업이 다시 새로운 제품을 출시해야만 매출 성장과 이익 실현이 가능해지는 구조로 변화되고 있다는 의미이다.

* 이익 창출 구간. 출시된 제품이 단종될 때까지 수익을 내는 기간에서 투자 회수 기간을 뺀 기간

이렇게 제품을 경쟁사들 보다 앞서 시장에 내놓아야만 이익을 얻을 수 있게 되면서 경쟁력 있는 신제품을 빠르게 내놓는 것이 무엇보다 중요해졌다. 결국 기업이 경쟁력을 가지기 위해서는 제품 개발 프로세스를 단순화 하고, 지식과 R&D 노하우가 재활용 될 수 있도록 해야 하며, 프론트 로딩Front Loading** 등의 다양한 기법들을 통해 시장에 빠르게 제품을 출시할 수 있는 역량을 확보하는 것이 매우 중요해졌다.

** 기업에서 발생하는 제품 개발 프로세스의 문제점을 상류화(上流化)하여, 가능하면 하류(下流)에서 발생하는 문제점을 사전에 더 적은 비용과 노력으로, 더욱 빨리, 더 근본적으로 해결하는 전략을 일컬음

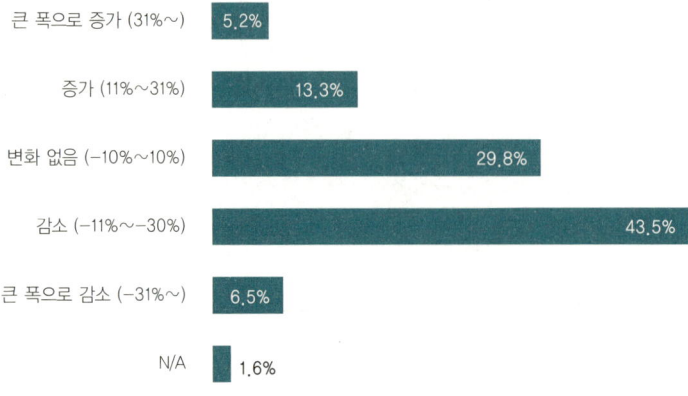

그림 1-2 지난 10년간 제품 수명주기의 변화 (출처: 액센츄어, 2009)

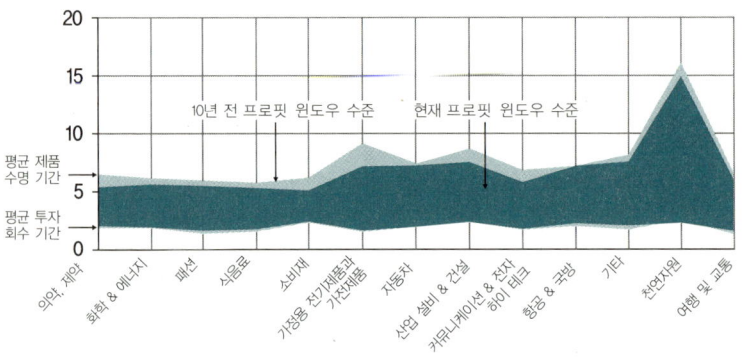

그림 1-3 프로핏 윈도우(Profit Window, 이익 창출 구간) (출처: 액센츄어, 2009)

외부 역량 활용을 위한 전략 수립

네 번째 도전 요소는 기업 외부의 자원을 제품 개발에 활용하는 것이다. 이제는 한 기업이 모든 기술을 독자적으로 개발할 수 있는 시대가 아니다. 미래 기술에 대한 불확실성으로 인해 기술 개발에 대한 투자를 하더라도 이익 회수가 불확실해지고 있고 있기 때문이다. 모든 기술을 독자적으로 개발하기에는 많은 돈이 들어감은 물론이고, 기술 개발에 실패하거나, 개발했다 하더라도 제대로 활용되지 못하는 등의 다양한 리스크가 존재한다. 결과적으로 외부의 개발/기술 역량을 효과적으로 활용하는 역량이 중요해지고 있으며, 이를 위해 기술 전략을 수립하고 기술을 평가하는 등 새로운 기술의 효과적인 도입을 위한 노력들이 필요해졌다. 또한 최근에는 개방형 혁신Open Innovation* 등을 통해 내/외부적으로 상시적인 개발 협력 체제를 갖추는 기업들도 빠르게 증가하고 있다.

> * 기업이 필요로 하는 기술과 아이디어를 외부에서 조달하는 한편 내부 자원을 외부와 공유하면서 새로운 제품이나 서비스를 만들어내는 혁신

이 책의 구성

이 책에서는 이제 앞서 살펴본 네 가지 도전 요소를 극복하기 위한 전략을 수립하기 위해 기업들이 어떤 노력을 기울여야 할지, 다음에 소개하는 7가지 주제를 통해 알아보고자 한다.

고객 요구사항 반영을 위한 R&D 전략

고객을 명확히 이해하고 제품이 개발되는 수개월 동안 요구사항을 보존하여 제품에 고스란히 반영한다는 것은 말로는 쉽지만 실행에 옮기기는 어려운 일이다. 2장에서는 제품 개발의 아이디어 단계에서부터 신제품의 출시 및 단종까지의 라이프사이클 전반에 걸쳐 고객 요구사항을 이해하는 방안과 이를 제품 개발에 반영하기 위한 방안을 소개한다.

혁신 제품을 위한 R&D 포트폴리오 전략

3장에서는 급변하는 경쟁 환경에서 제한된 보유 자원을 기업의 전략 방향에 의거하여 효과적으로 선택, 집중할 수 있는 체계를 설명한다. 흔히 포트폴리오 관리 체계라고도 불리는데, 수립된 기업 전략에서부터 실행(제품 개발)에 이르기까지의 과정을 정형화하고 필요한 제품 개발 과제를 선택하는 방법을 소개하는 데 초점을 맞춘다.

신기술 획득을 위한 R&D 전략

시장의 요구는 시시각각 변하는 데 반해 시장을 선도할 혁신적인 기술은 일순간에 개발되지 않는다. 따라서 기업들은 기술을 효율적으로 획득하기 위한 다양한 방법들을 강구해야 한다. 4장에서는 기술에 대한 시장의 요구 및 정보를 수집하고 scanning 우선순위화를 통해 획득 방안을 수립하는 sourcing 신기술 획득 프레임워크를 설명하며, 아울러 지적 자산 관리 방안을 제시한다.

개방형 혁신을 통한 아이디어 관리 전략

개방형 혁신은 최근 혁신을 주도하고자 하는 모든 회사의 최대 관심거리답게 이에 대한 문헌도 많이 접할 수 있다. 5장에서는 개방형 혁신의 전체적 개념보다는 아이디어 창출 단계에서의 사내/외 자원 활용과 실행(제품 개발) 단계에서의 외부 자원 활용을 통한 효율화에 초점을 맞춘다.

플랫폼/모듈화를 통한 R&D 효율화 전략

플랫폼/모듈화는 특정 산업 영역(컴퓨터, 자동차, 소프트웨어 등)에 적용하기 수월한 것이 사실이나, 최근 들어 다른 영역에서도 그 효과를 접목하고자 하는 노력이 진행 중이며, 노키아와 같이 가시적인 성과를 보이기도 했다. 6장에서는 제조업에서의 플랫폼/모듈화의 의미와 적용을 위한 다양한 접근 방법을 제시한다.

글로벌 R&D 운영 최적화 전략

국내 기업들도 생산/제조 같은 비핵심역량 업무의 아웃소싱이 활성화되어 있으나, 일반적으로 설계 또는 R&D 기능은 보유하는 경우가 많다. 7장에서는, R&D 영역의 비핵심 업무 외주화도 중요하지만, 외부의 유능한 자원을 활용하여 핵심 업무 영역을 강화하는 사고의 전환이 필요하다는 점을 다루며, 이를 위한 다양한 모델 및 사례를 제시한다.

R&D 운영 효율화 전략

실행(제품 개발) 단계의 효율화는 지난 십 수년간 이를 고민해온 국내 제조업체들에 익숙한 주제임에는 틀림없으나, 급속도로 변화하는 시장 환경에 대응하기 위해서는 기존의 고민을 뛰어넘는 지속적인 혁신이 필요하다. 8장에서는 개발 운영을 효율화하기 위한 다양한 개발 방법론과 조직간 협업을 통한 시너지 증대 방안을 고민해본다.

고성과 기업의 주요 역량: 액센츄어 글로벌 서베이

산업에 관계없이 새로운 글로벌 비즈니스 환경에서 기업들은 점점 더 빠르고 효과적이며 유연한 개발의 역량을 필요로 한다. 이에 액센츄어에서는 R&D 부문에 각 기업이 지향해야 할 혁신 방향성을 제시하고자 전 세계 200개 이상의 기업들을 대상으로 R&D 핵심 역량과 관련된 서베이를 수행하였다. 서베이 범위는 다음과 같다.

- 전 세계 200개 이상 기업의 임원진 대상
- 유럽(39%), 아시아/태평양(29%), 미주(32%)의 지역의 9개 산업에 속한 기업 대상
- 전체 참여 기업 중 44%가 매출액 500만 달러 이상

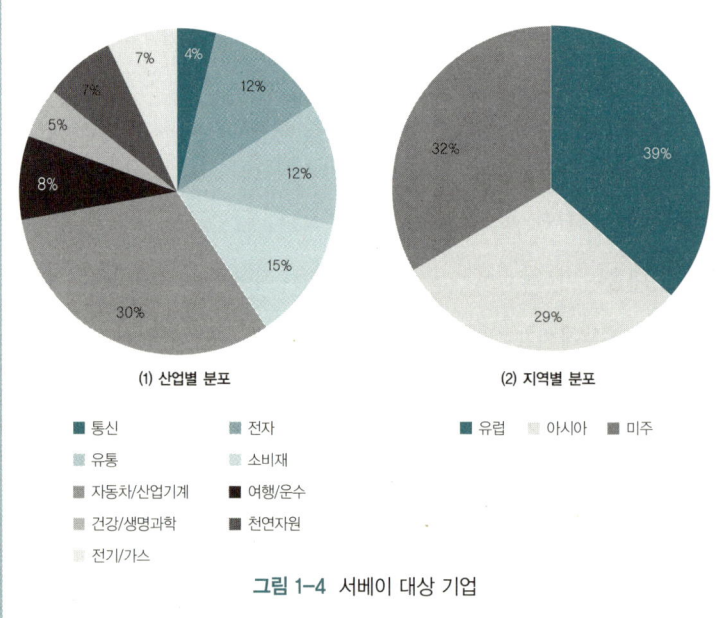

그림 1-4 서베이 대상 기업

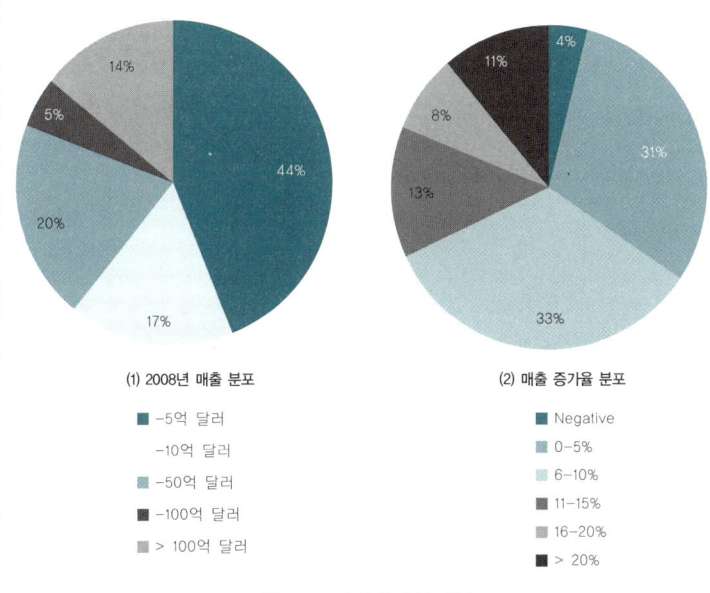

그림 1-5 서베이 대상 기업

서베이 수행 방법

본 서베이는 R&D 역량capability과 이를 가능하게 하는 요인 enabler에 대한 가설로부터 시작했고 주요 역량과 상대적인 성과 performance를 주요 결과outcome와 비교하여 평가하였다.

그림 1-6 주요 역량과 주요 결과 비교

설문은 다양한 지역과 산업에 걸쳐 혁신과 제품 개발을 담당하고 있는 임원들에 의해 (전화 또는 인터넷) 완성되었으며 다음과 같은 과정을 거쳐 분석되었다.

- 7개 주요 역량을 기술하는 70개 정도의 질문을 작성
- 1~5점 척도를 기초로 하여 각 질문에 대한 응답으로부터 역량 성숙도를 결정
- 각 질문에 대한 응답을 분석하고 평균 역량 성숙도 표를 작성

액센츄어는 여러 가지 주요 척도에서 상위 25%에 드는 기업을 고성과 기업 high performer 으로 정의했으며, 조사 대상 기업 중 10% 정도가 고성과 기업으로 분류되었다.

고성과 기업의 R&D 주요 역량

리서치 결과에 의하면 모든 산업에서 고성과 기업이 존재하는 것을 확인할 수 있었으며 이러한 고성과 기업들은 기본적인 영역뿐 아니라 몇 가지 주요 영역에 대해서도 관심을 기울이고 있음을 확인할 수 있다.

기본 영역	새로운 영역
• 고성과 기업은 제품 개발 전략 수립 시 수행(delivery) 역량을 같이 고려하고 근본적인 혁신을 장려한다. • 고성과 기업의 제품 브랜드 관리자는 초기 설계 단계부터 참여하여 고객의 서베이 결과나 품질 대응 결과 등을 반영한다. • 고성과 기업은 지역적으로 분포된 팀들과 글로벌 협업체계를 구축하여 제품개발 체계를 최적화한다. • 고성과 기업은 세계 전역에서 인력을 채용, 개발 및 유지하고, 기술에 대한 상당한 투자를 통해 그들을 활용한다. • 고성과 기업은 신제품 개발에 대해 제품 플랫폼을 사용함으로써 복잡성를 줄이고 기존 설계를 70%까지 활용함으로써 신속하게 제품을 출시한다. • 고성과 기업은 좀 더 긴 기획과 콘셉트 사이클(concept cycle)을 가짐으로써 제품 출시 기간을 줄인다.	• 고성과 기업은 경쟁사의 동향보다는 고객의 생각을 알기 위해 고객 만족도 조사와 고객 품질 보증 데이터 등에 집중한다. • 고성과 기업은 고객 품질 보증 데이터를 활용하여 그들의 신제품 개발의 방향을 수립하는 데 뛰어나다. • 고성과 기업은 광범위한 기업 생태계 (공급사, 파트너사, 학계 등)를 50%까지 제품 혁신에 활용한다.

표 1-1 고성과 기업의 중점 관심 영역

고성과 기업들은 기업 경쟁 구도에 있어 분명한 경쟁 우위를 점유하고 있을 뿐 아니라 공통적으로 다음의 7가지 영역의 핵심 역량에 있어서 저성과 기업low performer들과 비교하여 확실한 차이점을 보이고 있었다.

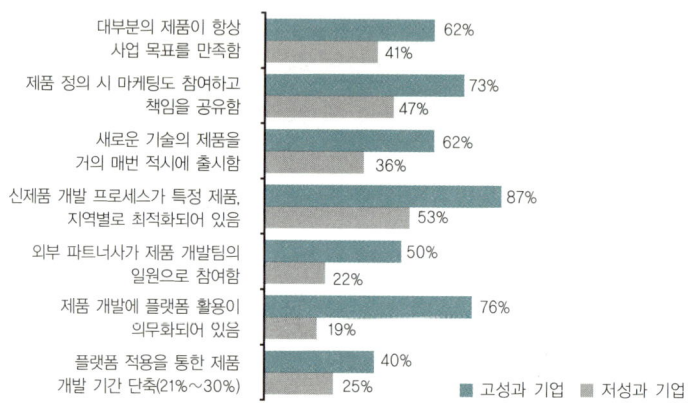

그림 1-7 고성과 기업의 차별화된 핵심 역량

가령 고성과 기업은 시장 대응에 있어서 30% 정도 소요 시간을 줄이고 소요 자원도 비슷한 수준으로 절감함으로써 제품 개발 비용이 상당히 감소하여 현금 유동성 개선과 고품질 제품 조달이 가능하다.

또한 고성과 기업은 지적 자산 확보 면에서도 다른 기업들을 선도하고 있었으며, 제품 아이디어 도출로부터 시장 출시까지 리드타임이 매우 짧아 제품의 시장 조기 진출을 통한 이익 창출을 이루고자 노력하고 있다.

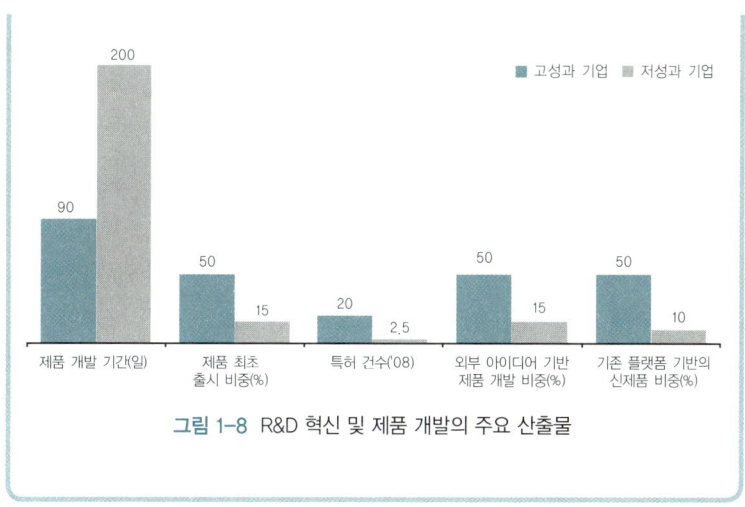

그림 1-8 R&D 혁신 및 제품 개발의 주요 산출물

2장
고객 요구사항 반영을 위한 R&D 전략

액센츄어 글로벌 서베이에 따르면, 고성과 기업들은 다양한 경로로 확보된 고객 요구사항을 반영하여 경쟁력 있는 제품을 개발하는 체계가 잘 갖추어져 있는 것으로 파악되었다. 특히 고객 요구사항 정보를 획득하고 분석하는 마케팅 조직이 제품 개발 전면에 적극적으로 참여한다는 측면에서 고성과 기업들이 앞서 있는 것으로 나타났다.

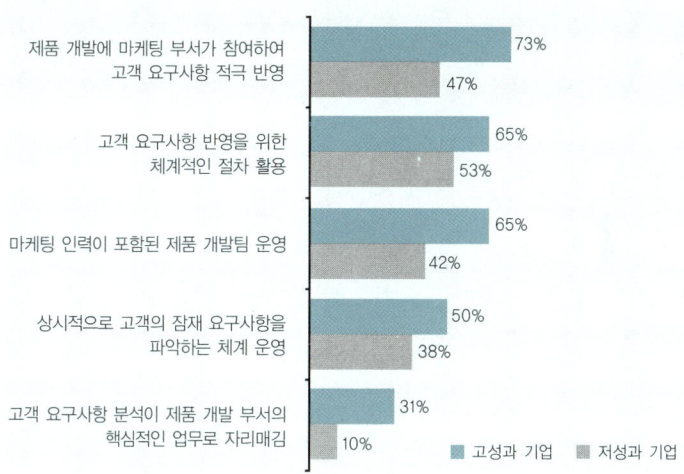

그림 2-1 신제품 개발 시 고객 요구사항 활용에 있어서의 두 그룹 간의 차이

고성과 기업들은 고객의 요구사항을 확보하는 방법에 있어서 경쟁사의 동향이나 경쟁 제품에 대한 분석보다는 고객의 일반적인 요구사항을 수집하거나 자사 제품에 대한 고객 의견을 직접 청취하는 일에 집중하는 것으로 분석되었다. 고성과 기업들은 대부분의 고객 접점에서 발생할 수 있는 다양한 형태의 정보들을 종합적으로 활용하고 있으며 특히 고객 만족도에 관한 설문조사, 온라인 데이터, 서비스 정보 활용에 집중하고 있는 것으로 나타났다.

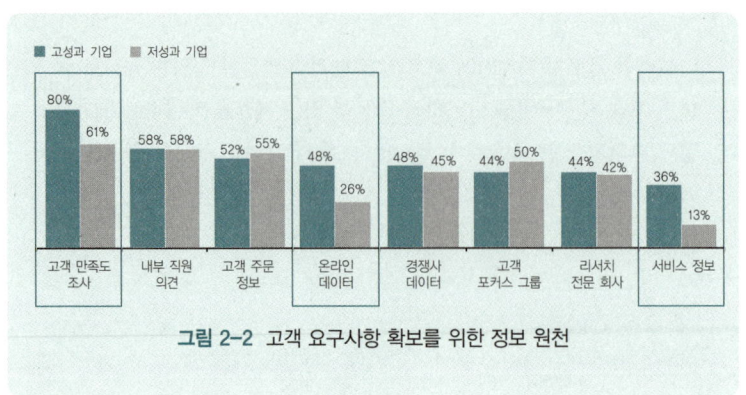

그림 2-2 고객 요구사항 확보를 위한 정보 원천

고객 요구사항을 이해하라

피터 드러커는 "마케팅이 궁극적으로 지향하는 것은 고객을 충분히 알고 이해함으로써 제품과 서비스를 적절하게 제공하여 그것들이 팔리도록 만드는 것"이라며 "우리가 팔고자 하는 것이 무엇인지 묻지 말고 고객이 구입하려는 것이 무엇인가를 질문하라"고 강조한 바 있다. 또한 P&G의 전 CTO였던 고든 브루너는 "혁신은 특허나 신기술을 개발하는 것이 아닌, 사람들이 사기를 원하는 무언가를 만드는 것이다"라고 언급하였다. 굳이 피터 드러커와 고든 브루너의 언급을 인용하지 않더라도 '고객 요구사항을 이해하고, 이를 제품에 반영하여 고객의 만족과 경험을 극대화하라'는 명제는 오늘날의 기업들에게 너무나도 당연한 과제로 받아들여지고 있다.

하지만 '고객 요구사항'이라고 하는 것은 정형화되어 있지 않고, 파악하는 데 비용이 많이 들 뿐 아니라 심지어 고객조차 자신이 무엇을 원하는지 잘 알지 못하기 때문에 기업이 정확하게 고객의 요구사항을 피악하여 제품에 반영하기란 쉽지 않은 일이다. 실제로 많은 기업이 제품 개발의 주요 실패 원인으로 고객의 요구사항에 대한 이해 부족을 꼽고 있다. 최근 액센츄어가 글로벌 기업들을 대상으로 신제품 개발에 실패한 핵심 원인에 대한 설문조사를 진행한 결과에서도 절반에 이르는 기업들이 고객에 대한 이해 부족을 가장 큰 실패 원인으로 꼽았다(그림 2-3 참조). 설문조사 결과를 살펴보면 R&D 역량보다 고객에 대한 이해를 훨씬 중요한 제품 개발 요소로 보고 있는데, 이는 기술적으로 훌륭한 제품보다 고객에 대한 이해를 바탕으로 고객 경험을 개선한 제품을 더 혁신적인 제품으로 평가하는 기업들의 이해를 보여주는 예라고 할 수 있겠다.

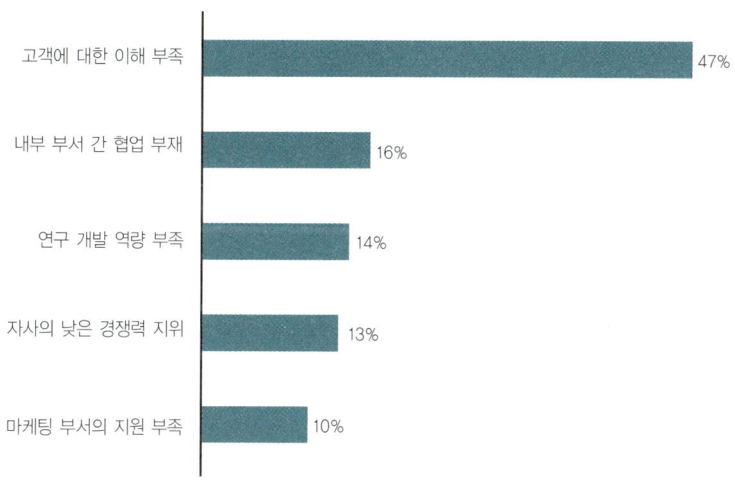

그림 2-3 신제품 개발의 주요 실패 원인 (출처 : 액센츄어, 2009)

고객의 요구사항을 이해하고 이를 제품 개발에 반영하기 위해서는 체계적이고 효과적인 접근 방안을 수립할 필요가 있다. 지속적인 기술 개발을 통하여 혁신적인 기술을 탑재한 제품을 출시하는 것도 중요하지만, 고객에 대한 이해를 바탕으로 제품 개발 체계를 갖추어 나가는 것이 향후 경쟁력 있는 제품을 선보이기 위해 더욱 더 중요한 기반이 될 것이다.

고객 요구사항 이해를 위한 방안

앞서 언급한 바와 같이 고성과 기업들은 경쟁 구도에 대한 분석 또는 경쟁사의 전략을 벤치마킹하는 것보다는 고객에 대한 이해를 심화하고 자사 제품의 품질을 개선하는 데 더 많은 노력을 기울이는 것으로 나타났다. 그렇다면 고성과 기업들이 어떠한 방식으로 고객 만족도를 조사하고, 온라인을 통해 자료를 수집하고, 서비스 데이터를 활용하여 고객 요구사항을 정의해 나가는지, 그리고 이러한 다양한 고객 요구사항을 어떻게 효과적인 제품 개발로 연계할 수 있는지 살펴보겠다.

고객 만족도 조사: KANO 모델의 활용

오늘날 대부분 기업들은 다양한 형태의 고객 만족도 조사를 실시하고 있다. 고객 만족도 조사는 제품 개발만을 목적으로 하는 것은 아니다. 자사 브랜드와 제품의 영향력을 측정하기 위해서 실시하기도 하고, 광고 전략을 수립하기 위해서 실시하기도 한다. 여기서는 다양한 고객 만족도 조사 기법 중 제품 개발과 밀접한 관련이 있는 KANO 모델을 중심으로 소개하고자 한다.

KANO 모델이란 제품 개발 및 고객 만족도와 관련한 이차원 모델로 엔지니어들이 제품을 설계할 때 목표치를 정하는 것을 도와주는 상품 기획 이론이다. 어떤 상품을 기획할 때 각각의 구성요소에 대해 소비자가 기대하는 것과 소비자를 충족시키는 것 사이의 주관적 관계 그리고 요구되는 사항의 만족/불만족에 의한 객관적 관계를 설정하여 설명하고 있다. 1984년 일본의 노리아키 카노 교수에 의해 고안된 KANO 모델은 고객 만족도(만족/불만족)와 제품 기능(충족/불충족)을 두 축으로 하고, 제품의 품질 속성에 대한 사용자의 만족 수준을 매력적Attractive 품질 요소, 일원적One-Dimensional 품질 요소, 필수적Must-Be 품질요소, 무관심적Indifferent 품질 요소, 반대적Reverse 품질 요소의 5가지 곡선으로 구분한다(그림 2-4 참조).

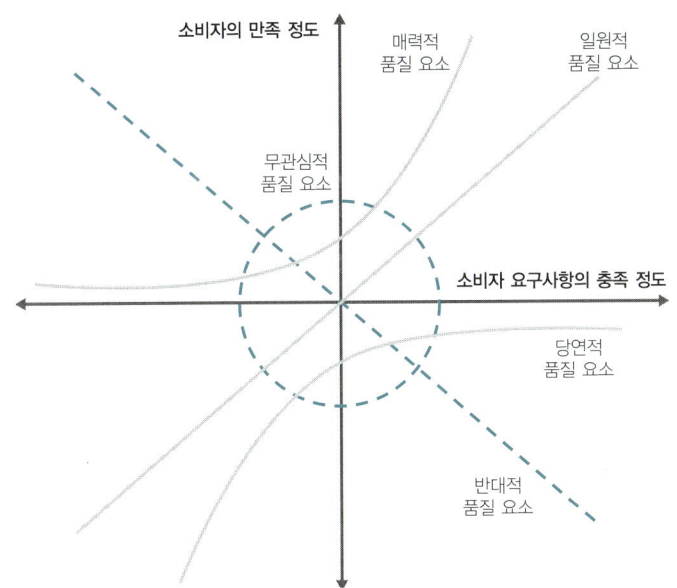

그림 2-4 KANO 모델의 품질 요소 분류 (출처: 노리아키 카노, 1984)

● **매력적 품질 요소** Attractive Quality Attribute

충족되었을 때 만족감을 주지만 충족되지 않았다고 해서 불만족을 주지는 않는 요소를 말한다. 이러한 기능은 충족되지 않더라도 고객이 불평하거나 불만족하지 않는다. 고객이 미처 기대하지 못했던 요소나 고객의 불만을 획기적으로 개선하는 경우가 이에 해당한다. 좁은 주차 공간에서 센서를 통해 공간을 인지하여 주차를 해주는 자동차의 경우, 주차를 어려워하는 운전자들의 불편함을 획기적으로 개선한 사례로 센서를 활용한 자동 주차는 사용자에게 매력적인 품질 요소라고 할 수 있다.

● **일원적 품질 요소** One-Dimensional Quality Attribute

기능적 요소의 충족도에 비례해 만족도가 올라가는 품질 요소로, 일반적으로 말하는 '품질'이다. 품질이 좋아지면 만족도가 높아지고 품질이 나빠지면 만족도가 낮아진다. 예를 들어, 컴퓨터 CPU의 처리 속도가 빠르면 만족도가 높아지고, 반대로 처리 속도가 느리면 만족도가 낮아진다. 이때, 'CPU의 처리 속도'라는 품질 요소를 일원적 품질 요소라고 할 수 있다.

● **필수적 품질 요소** Must-Be Quality Attribute

사용자가 마땅히 있어야 한다고 생각하는 요소로 제품이 가장 기본적으로 갖추고 있어야 하는 요소를 말한다. 예를 들어, 휴대전화는 기기를 휴대할 수 있는 정도로 크기가 작고 가벼워야 하며, 전화를 걸고 받는 기능을 필수적으로 갖추고 있어야 한다. 하지만, 이러한 기능들이 갖추어져도 사용자의 만족도가 높아지지는 않는다. 반면, 해당 기능이 결여될 경우 사용자의 불평불만이 심해진다.

● **무관심적 품질 요소** Indifferent Quality Attribute

충족되든 충족되지 못하든 만족도에 영향을 미치지 않는 요소를 말한다. 굳이 사용자에게 제공되지 않아도 되는 요소로서 개발 단계에서 제외되어도 무방한 요소를 말한다. 이런 요소는 초기 개발 단계부터 비용이 전혀 투입될 필요가 없으므로 고려해야 할 항목에서 제외된다.

● **반대적 품질 요소** Reverse Quality Attribute

충족되면 사용자가 꺼려 하고, 충족되지 않으면 만족하는 요소로, 제공하면 할수록 사용자가 불만족하는 요소이다.

이상의 다섯 가지가 KANO 모델이 제공하는 분류 방식이다. KANO 방법은 설문조사, 분석, 해석 단계를 거쳐 제품의 기능, 품질 요소들을 소비자의 요구사항을 반영하여 각각의 품질 요소로 분류한다.

설문 조사 단계

KANO 모델의 설문조사는 하나의 소비자 요구사항에 대해 상반되는 두 가지의 질문으로 구성되어 있다(그림 2-5 참조). 예를 들어 동일한 고객 요구사항에 대해서 긍정적인 질문과 부정적인 질문을 던져 '좋아한다', '당연하다', '아무런 느낌이 없다', '하는 수 없다', '싫어한다'의 5가지 평가 기준 중 하나를 선택하게 한다. 이를 통하여 하나의 요구사항에 대해 총 25가지의 응답 조합이 나오게 되며, 설문조사를 거쳐서 응답자 개인별 응답 조합이 수집된다.

[긍정적인 질문]
의자의 높낮이를 조절할 수 있다면 당신은 어떻게 느끼겠습니까?
☐ 좋아한다
☑ 당연하다
☐ 아무런 느낌이 없다
☐ 하는 수 없다
☐ 싫어한다

[부정적인 질문]
의자의 높낮이를 조절할 수 없다면 당신은 어떻게 느끼겠습니까?
☐ 좋아한다
☐ 당연하다
☐ 아무런 느낌이 없다
☐ 하는 수 없다
☑ 싫어한다

그림 2-5 KANO 설문의 평가 척도 예시

분석 단계

분석 단계는 KANO 평가 이원표를 활용하여 설문을 통해 수집된 개인별 응답 조합을 특정 품질 요소에 대응시키는 단계이다. 예를 들어 긍정적인 질문에서 '당연하다'고 답변하고, 부정적인 질문에서 '싫어한다'라고 응답했다면 소비자 요구사항은 당연적 품질 요소로 대응하게 된다. 실제 제품 개발을 하는 데 있어서 반대적 품질 요소나 무관심적 품질 요소는 그다지 중요하지 않다. 그림 2-6에서 회색으로 표시된 매력적, 일원적, 당연적 품질 요소를 찾아내어 제품 개발에 반영하는 것이 중요하다.

소비자 요구 사항		부정적인 질문에 대한 응답				
		좋아한다	당연하다	아무 느낌이 없다	하는 수 없다	싫어한다
긍정적인 질문에 대한 응답	좋아한다	응답모순	매력적	매력적	매력적	일원적
	당연하다	반대적 (매력적)	무관심적	무관심적	무관심적	당연적
	아무 느낌이 없다	반대적 (매력적)	무관심적	무관심적	무관심적	당연적
	하는 수 없다	반대적 (매력적)	무관심적	무관심적	무관심적	당연적
	싫어한다	반대적 (일원적)	반대적 (당연적)	반대적 (당연적)	반대적 (당연적)	응답모순

그림 2-6 KANO 모델의 평가 이원표

해석 단계

해석 단계는 분석 단계에서 개인별로 정의된 품질 요소를 종합하여 하나의 제품 기능에 대한 품질 요소를 결정하는 단계이다. 다수의 고객이 평가한 결과 가운데 가장 많이 등장한 품질 요소를 선택하는 방식을 택한다. 이러한 과정을 반복하면 제품의 여러 기능 및 품질 항목에 대하여 제품 개발 시 우선적으로 반영해야 할 것을 선별할 수 있다. 즉 KANO 모델은 기본적인 제품으로서 갖추어야 할 것은 충실하게 갖추면서(당연적 품질 요소), 경쟁사와 비교했을 때 최소한 같은 수준 이상을 유지하고(일원적 품질 요소), 차별적인 어필 요소가 있는(매력적 품질 요소) 제품을 개발하도록 가이드를 줄 수 있다. 그러나 어떤 매력적 품질 요소가 더 중요한지, 일원적 품질 요소의 적절한 수준은 어느 정도인지는 가르쳐주지 않는다. 이는 기업의 제품 개발 전략에 맡겨둘 몫이다.

온라인을 통한 고객 요구사항 수집

시장조사 전문업체인 포레스터 리서치는 정보통신 기술을 이용해 고객들과 직접적으로 커뮤니케이션 하는 과정을 그라운드스웰 groundswell*이라는 말로 정의하고 온라인상에서 벌어지는 고객과의 커뮤니케이션을 듣기listening, 말하기talking, 활성화하기energizing, 지원하기supporting, 참여시키기embracing의 다섯 가지 유형으로 분류하여 다양한 사례를 소개하고 있다. 이들 사례는 온라인을 통한 고객 지향적 접근이라는 면에서 마케팅 영역에 해당하는 내용이지만 동시에 제품 개발과도 매우 밀접한 연관이 있다. 다음 사례는 온라인을 통한 고객 요구사항의 수집이 제품 개발에도 강력한 위력을 발휘할 수 있음을 보여주는 좋은 예라고 할 수 있다.

* 먼 곳의 폭풍 등으로 인한 큰 파도 또는 여론의 고조 등을 일컫는 말

세일즈포스닷컴의 아이디어익스체인지

세일즈포스닷컴Salesforce.com은 이름에서도 짐작할 수 있듯 기업의 판매원들로 하여금 더 쉽게 고객을 관리하고 영업 기회도 관리할 수 있게 도와주는 프로그램을 만드는 기업이다. 다만 그 프로그램의 형태가 판매원들의 PC에 설치되어 실행되는 것이 아니라 인터넷을 통해서 전달되는 주문형 서비스라는 점이 특징이다. 세일즈포스닷컴은 연간 세 차례씩 신제품을 출시하곤 했는데 신제품을 출시하는 과정에서 고객

들이 원하는 것이 무엇인가라는 문제에 관해 개발자와 마케팅 직원들 사이에서 의견이 엇갈리는 경우가 많았다.

회사는 이러한 문제점을 해결하기 위하여 2006년에 고객들이 참여해 아이디어를 모을 수 있는 아이디어익스체인지^{IdeaExchange}라는 웹사이트를 개발하고 기존 고객들을 초대해 그들이 얘기하는 개선 사항 중에서 먼저 개발되어야 할 항목에 대해서 우선순위를 선정하게 했다. 이 사이트는 이후 발전을 거듭해 현재는 한 해 5천 개가 넘는 아이디어가 올라오고 있고, 이 중 좋은 것은 고객들에 의해 우선순위가 자체적으로 결정되어 개발자들에게 전달되고 있다.

아이디어익스체인지가 본격적으로 운영되고 나서부터 연간 세 차례에서 네 차례로 신제품을 출시할 수 있게 되었으며 새롭게 추가되는 기능의 과반수 이상이 아이디어익스체인지를 통해 나오게 되었다.

세일즈포스닷컴은 이제 클라우드 서비스^{Cloud Service}*를 바탕으로 다양한 회사에 비즈니스 애플리케이션을 제공하는 거대한 회사로 성장하였다. 회사가 이렇게 성장할 수 있었던 배경에는 아이디어익스체인지를 통하여 고객 요구사항을 효과적으로 파악하고 이 가운데 중요한 요소를 우선적으로 적용하여 만족도 높은 서비스를 제공한 것이 큰 역할을 했다고 볼 수 있다.

* 인터넷상의 서버를 통하여 데이터 저장, 콘텐츠 사용, 소프트웨어 제공 등 다양한 IT 관련 서비스를 필요한 만큼 빌려 쓰고 이에 대한 사용 요금을 지급하는 방식의 서비스

P&G의 빙걸닷컴

P&G의 빙걸닷컴^{Beinggirl.com}도 온라인을 통한 고객 요구사항 수집과 관련해서 흥미로운 사례이다. 원래 빙걸닷컴은 여성용 위생제품, 특히

탐폰을 홍보하는 것이 주목적이었다. 그러나 주요 타깃 고객이던 10대 소녀들의 특성을 고려하여, 단순히 제품 자체를 홍보하기 위한 사이트가 아니라 어린 소녀들이 겪을 만한 문제를 주제로 하는 라이프스타일 사이트로 운영되고 있다. 빙걸닷컴에서는 아기자기한 게임이나 미디어 자료를 내려 받을 수도 있고, 10대 소녀들이 가질 만한 여러 가지 고민 상담도 제공하며, 관련 기사나 교육 자료 등의 배포, 설문조사 진행, 최근에는 페이스북과의 연동까지 지원하고 있다. 현재 이 사이트는 전 세계 50여 개 나라에서 수백만 명의 회원을 거느린 거대한 커뮤니티로 성장하였다. P&G는 빙걸닷컴을 통하여 고객의 프로파일을 획득하고, 제품을 홍보하며, 출시 제품에 대한 고객 평가를 받고 이를 제품에 반영하는 일석삼조의 효과를 거두고 있다. 이러한 충성도 높은 커뮤니티가 가지는 매력은 향후 출시될 제품에 대한 고객 평가도 커뮤니티 내에서의 간단한 설문조사나 제품 홍보 활동을 통하여 추가적인 비용 부담 없이 추진할 수 있다는 확장 가능성에 있다.

디지털 마케팅 시대의 도래

세일즈포스닷컴이나 빙걸닷컴처럼 기업이 자체적으로 온라인상의 커뮤니티나 웹사이트를 개설하여 고객을 끌어들이고 이들을 적극적으로 활용함으로써 제품 개발을 가속화하는 사례는 이외에도 많다. 이러한 트렌드의 본격적인 대두는 이 책의 주제인 R&D 혁신과도 밀접히 연관되어 있다. 액센츄어는 온라인을 통한 정보 수집 활동 및 이를 연계한 마케팅, 제품 개발 활동을 포괄적으로 '디지털 마케팅'으로 정의하고 있다.

최근에는 기업에 의해서 만들어진 웹사이트가 아니라 다양한 온라인 포털과 트위터, 페이스북 같은 대중적인 SNS가 폭발적으로 성장하면서 온라인을 통한 네트워크가 매우 빠른 속도로 성장하고 있다. 기업이 출시한 제품에 하자가 있거나 품질상 문제가 발견되었을 경우 제때에 대응하지 못한다면 온라인 입소문을 통하여 기업 브랜드나 제품의 평판에 치명적인 영향을 줄 수 있는 시대가 되었다. 이러한 상황에서 온라인의 정보를 수집하고 분석하여 자사 제품의 개발에 반영하는 것은 일반적인 접근 방식으로 받아들여지고 있다.

기업들은 온라인에서 오가는 자사 브랜드와 제품에 대한 소비자의 입소문과 평가에 대해서 궁금해하고, 이를 좀 더 효율적으로 파악하고 관리할 방안을 찾고 있다. 이에 따라 특정 기업의 제품에 대한 평가가 어떻게 전개되는지에 대해서 온라인 트래픽을 수집하고 분석하여 서비스를 제공하는 업체들도 늘어나고 있다. 기존 기업형 솔루션을 판매하던 회사들뿐만 아니라 포털 기업들까지도 자사의 검색 엔진을 활용하여 디지털 마케팅 영역으로의 진출에 박차를 가하고 있다.

향후 온라인을 통해 확보한 고객 요구사항을 제품 개발에 반영하는 활동은 아주 빠른 속도로 보편화될 것이다. 세일즈포스닷컴이나 빙걸닷컴과 같이 고객의 참여를 통한 제품 개발뿐만 아니라 브랜드에 대한 평가, 출시된 제품에 대한 관리 및 잠재적인 위험 관리까지 그 범위가 지속적으로 확장될 것이다(그림 2-7 참조).

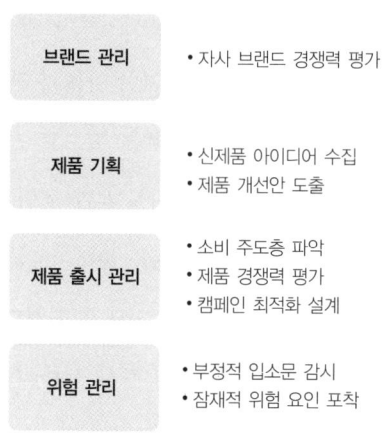

그림 2-7 디지털 마케팅의 활용 영역 (출처 : 액센츄어, 2010)

서비스 데이터의 활용

대부분의 경우 제조사는 서비스 처리를 위해서 직영 서비스점을 운영하거나 위탁 운영을 하는데, 각 서비스점에서는 처리한 서비스 건에 대해서 제조사에 비용을 청구하게 되어 있다. 이 과정에서 입수된 서비스 데이터는 고객의 이름, 주소 같은 기본 정보와 제품 모델명, 불량 원인, 구매 시기, 수리 이력 등에 대한 순도 높은 정보를 담고 있다.

기업이 고객 요구사항을 확보하기 위해 앞서 보았던 설문조사나 온라인 등을 통한 방법도 있을 수 있지만 서비스 처리를 통해 축적된 데이터도 매우 훌륭한 소스가 된다. 여기에는 몇 가지 이유가 있다.

첫째로는 오랫동안 축적되어온 데이터라는 점이다. 마케팅 조사 자료는 일시적인 조사나 설문조사에 의한 경우가 많지만 서비스 데이터는 끊임없이 축적되어온 자료라는 점에서 장점이 많다. 둘째는 지역적인 커버리지가 광범위하다는 점이다. 일반적으로 시장조사 기관이 시장조사 결과라고 제출하는 대부분이 일부 대도시를 중심으로

300~500 샘플 수준의 설문조사만으로 시장을 규정하고 판도를 예측하고 전략을 제시하는 것과 비교한다면 서비스 데이터는 거의 전 지역에 걸쳐 제공되는 광범위한 데이터라고 할 수 있다. 셋째로는 좀 더 빨리 시장의 반응을 파악할 수 있는 자료라는 점이다. 일반적으로 시장조사 기관은 설문조사를 마치고 자료를 필터링하고 유의미한 내용을 추출하는 데 최소 한 달 이상의 시간이 소요된다. 기업이 시장조사 기관의 데이터를 통하여 고객 정보를 받아보는 시점에는 이미 한 달 이상의 시간 차이가 발생한다는 것이다. 반면 서비스 데이터는 관리 방식에 따라 따를 수 있지만 직영 서비스를 운영하는 경우라면 실시간으로, 위탁 서비스를 운영하는 경우라도 1~2주일 안에는 정보를 확보할 수 있다.

서비스 데이터를 활용한 고객 통찰력 획득

서비스 데이터는 주로 고객서비스센터 또는 콜센터를 통하여 접수된다. 이를 효과적으로 활용하여 제품의 품질 관리에 활용하는 것은 서비스 데이터의 가장 기본적인 활용처라고 할 수 있다. 서비스 데이터에 대한 모니터링을 하면 제품 출시 이후 시장으로부터 어떤 피드백이 발생하는지, 어떤 품질 문제가 이슈가 되는지 등을 효과적으로 파악할 수 있다. 자동차 회사의 경우, 수천억 원의 개발비를 투자한 신차가 시장에서 어떤 반응을 보이는지, 혹시나 모를 품질 이슈는 없는지 제품 출시 이후 초긴장 상태를 유지한다. 특히 초기 수개월간은 서비스센터를 통해 접수되는 다양한 품질 이슈에 대해서 면밀한 분석 작업을 진행하고 개선 대책을 마련한다. 불가피한 경우 자발적 리콜이라는 선택을 하는 경우도 있기는 하지만 이는 심각한 품질상의 이슈를 미연에 방지하고자 하는 노력의 일환이라고 보아야 한다.

서비스 데이터에 대한 일련의 분석 과정을 통하여 진일보된 고객 통찰력을 확보할 수도 있다. 예를 들어 미국과 같이 광범위한 시장을 대상으로 판매되는 제품의 경우라면 출시된 제품의 평균 서비스 횟수와 제품의 판매를 지역별로 분석하여 어떤 지역의 고객들이 제품을 선호하는지, 지역별 제품 소비 패턴은 어떻게 변하고 있는지 등에 대한 정보를 얻을 수도 있다. 이를 통하여 지역별 마케팅 방식을 차별화하는 옵션을 고려할 수도 있다. 또한 고객의 평균적인 제품 보유 기간을 분석하여 재구매 대상 고객을 선별하여 타깃 마케팅을 전개할 수도 있고 고객의 구매 패턴을 분석하여 번들링 판매를 위한 패키징 제품까지 만들어낼 수도 있다.

서비스 데이터를 통한 정보가 필요한 이유는 서비스 영역을 제외하고는 고객에 대한 직접적인 정보를 알아내기가 매우 어렵기 때문이다. 오늘날의 제품 판매는 제조사가 직접 판매하는 방식보다 도소매점이나 양판점 등의 다양한 유통 채널을 통해서 판매되는 경우가 많다. 이런 경우 유통 채널이 어떤 고객에게 어떤 모델을 얼마나 팔았고 그래서 유통 채널이 현재 보유한 재고가 얼마인지 파악하기 매우 어렵다. 한국의 경우 비교적 유통 채널과의 협력 관계가 좋아 유통 재고 등을 파악하기 용이한 편이나 외국의 경우 불가능한 경우가 많다.

따라서 서비스를 통해서 입수되는 정보가 고객에 대한 직접적인 정보를 담고 있는 유일한 소스가 될 수 있으며 장기간에 걸친, 광범위한 지역의, 실시간에 가까운 데이터라는 장점까지 가지고 있기 때문에,

서비스 데이터를 통하여 제품 개발에 필요한 정보를 얻을 수 있는 체계를 갖추어 나갈 필요가 있다.

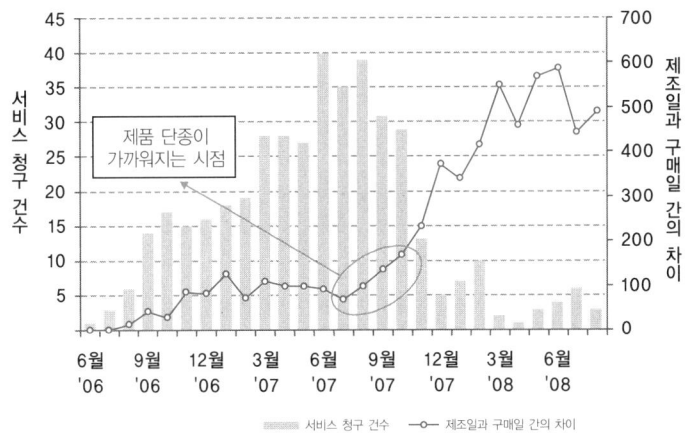

그림 2-8 서비스 데이터를 활용한 제품 수명주기 예측 (출처 : 액센츄어, 2009)

그림 2-8의 그래프는 특정 국가의 단일 제품에 대한 서비스 데이터를 분석한 그래프이다. 분석을 위해 사용한 데이터는 제품을 구매하고 3개월 이내에 서비스 요청을 한 고객만을 대상으로 하였다. 막대그래프로 표현된 부분은 해당 제품에 대한 서비스 요청 건수 추이이고 꺾은선그래프는 서비스 청구 건의 평균적인 제조일자로부터 고객이 제품을 구매한 날까지의 차이를 나타낸다. 그래프를 살펴보면 2007년 9월 시점부터 서비스 요청 건수가 급격하게 줄어들기 시작하고 제조일과 구매일 간의 차이는 급격하게 증가하기 시작함을 확인할 수 있다. 이는 최근 물건을 구매한 사람들의 서비스 요청이 급격하게 줄고 있다는 것을 의미하고 유통 채널에 존재하는 재고가 실제 판매로 전환되는

데 점점 더 긴 시간이 걸리기 시작함을 의미한다. 한마디로 잘 안 팔리기 시작하는 시점이라는 얘기다. 이때가 제품의 수명주기가 꺾이는 시점이며 해당 제품을 대체할 차세대 제품을 출시해야 할 가장 적절한 시기이다.

또 다른 사례를 살펴보자. 콜센터 역시 또 하나의 서비스 영역이다. 콜센터를 통해서 접수되는 고객의 목소리는 매우 다양한 형태로 표출되는데, 이를 효과적인 분류 체계를 통하여 구분한다면 고객의 요구사항을 체계적으로 이해하는 데 도움이 된다. 그림 2-9의 그래프는 특정 기업의 콜센터를 통해 1년 동안 접수된 고객의 요구사항과 불만 사항을 정리한 것이다. 콜센터를 통해서 접수되는 고객 요구사항은 크게 제품 관련, 서비스 관련, 마케팅 관련 사항으로 나누어볼 수 있다. 이 중 제품 관련 항목은 다시 품질, 디자인, 제품 제안, 기타 액세서리 이슈, 부품 등의 세부 항목으로 나눌 수 있고 여기서 한 차례 더 나누어서 품질 문제라면 어떤 기능의 품질이 문제인지 파악할 수도 있다. 이런 식으로 콜센터의 상담원이 고객과 통화 후 고객의 요구사항이 어떤 내용이었는지 정리할 수 있는 분류 체계를 잘 갖추는 것은 콜센터 운영에 있어 매우 핵심적인 부분이 된다. 데이터가 누적되면 단일 제품군의 고객 불만 사항 추이를 분석해 볼 수도 있고, 여러 제품군의 비교를 통해 고객 불만 사항의 차이점을 도출해 볼 수도 있으며, 자사 브랜드에 대한 고객 불만이 가장 높은 영역이 어디인지도 파악해 볼 수 있다.

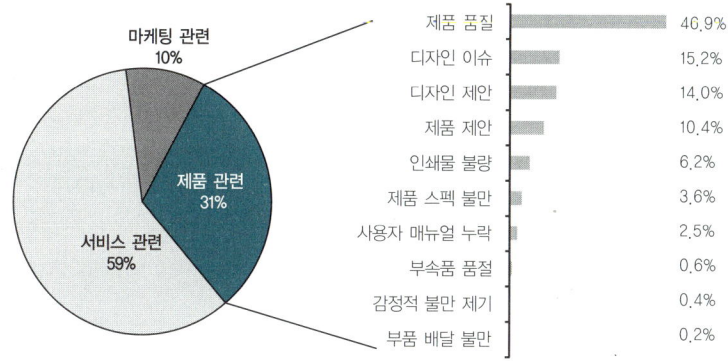

그림 2-9 콜센터를 통해 접수된 고객 요구사항 분류 (출처 : 액센츄어, 2009)

고객 요구사항의 효과적 관리

고객의 요구사항을 이해하기 위한 방법에는 고객 설문조사, 온라인, 고객의 주문 정보, 서비스 데이터, 영업 사원의 네트워크 등 무수히 많은 형태가 있을 수 있다. 문제는 이렇게 확보되는 수많은 종류의 고객 요구사항을 어떻게 적절하게 관리하여 필요한 사람에게 정확한 시점에 전달할 수 있는가이다. 이를 위하여 최근 많은 기업들이 통합 고객 관리 체계를 갖추기 위한 노력을 경주하고 있다.

그림 2-10은 이러한 통합 고객 관리 체계에 대한 이미지를 도식화한 것이다. 통합 고객 관리 체계를 구축하기 위해서는 우선 기존에 관리 중인 채널 및 시스템에 대한 통합이 필요하다. 영업사원이 보유한 고객 정보에서부터 서비스 영역의 고객 데이터까지 담당하는 부서나 정보 형태도 다르기 때문에 이를 통합하기 위해서는 통합 고객 데이터베이스를 구축해야 한다. 그리고 이를 위한 전략과 장기간에 걸친 시스템 구축 과정이 필요하다.

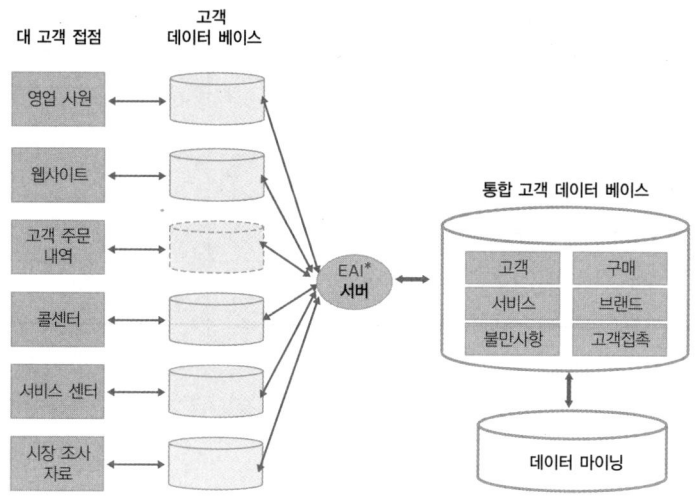

* EAI(Enterprise Application Integration): 기업의 여러 애플리케이션을 운영 체계와 상관없이 프로세스 차원에서 통합을 가능하게 하는 시스템

그림 2-10 통합 고객 관리 체계 구현 이미지

통합 고객 체계가 구현되면 여러 정보 소스를 효과적으로 분석, 가공하여 이전에는 미처 파악하지 못하였던 고객 통찰력을 확보할 수도 있고, 타 부서들과의 협력을 위하여 필요한 부분의 정보를 교류할 수도 있다. 또한 고객에 대한 세분화 작업을 통하여 마케팅 전략 수립의 기초 자료로 활용할 수도 있고, 지역 판매 추이와 서비스 요청 간의 상관관계를 살펴봄으로써 고객의 제품 구매 패턴 및 소비 패턴을 확인할 수도 있다. 앞서 서비스 데이터의 활용에서 보았던 제품 수명주기에 대한 분석도 그 중 일부라고 할 수 있다. 이렇게 고객 요구사항을 비롯한 다양한 정보를 등록하고 취합하여 통합 고객 데이터로 관리한다면, 해당 기업은 고객의 요구사항에 대한 단순 대응 체계에 머무는 것이 아니라 고객에 대한 깊은 통찰력을 바탕으로 보다 적극적

인 마케팅을 펼쳐 나갈 수 있고, 고객 지향적인 제품 개발 역량까지 겸비할 수 있다.

고객 요구사항을 반영하기 위한 방안

고객 요구사항 변화에 대처하기: 순환형 제품 개발 체계

캘리포니아 공과대학의 도널드 라이너슨 교수는 2006년도에 제품 개발 업계에 종사하는 사람들에 대한 13년에 걸친 조사를 거쳐 다음과 같은 흥미로운 사실을 발표하였다.

- 제품 개발 요구사항이 (기획 단계부터) 개발 끝까지 유지된 경우는 얼마나 되는가? 0%
- 제품 개발 착수 전 모든 상세 스펙을 확정하는 경우는 얼마나 되는가? 5%
- 평균적으로 어느 정도의 요구사항이 개발 착수 전에 확정되는가? 54%

이는 제품 개발의 과정에서도 고객 요구사항은 끊임없이 변화할 수밖에 없는 상황을 반영한 결과이다.

순환형 제품 개발 체계의 대두

전통적으로 제품 개발은 소위 스테이지게이트Stage-Gate라 불리는 순차적 방식이 일반적으로 활용되고 있다. 스테이지게이트 방식은 제품 개발 활동을 실질적으로 진행하는 단계Stage와 각 단계의 산출물을 검토하고 다음 단계로의 진행을 결정하는 관문Gate으로 구성되어 있다. 그러나 앞서 살펴보았듯 제품의 개발 단계에 들어가서도 이전 단계에서 확정되었던 요구사항이 계속해서 바뀌는 상황에서는 순환적인 형태의 제품 개발이 훨씬 효과적일 것이다.

또 다른 유사한 연구 결과가 있다. MIT의 앨런 매코맥 교수는 2001년 인터넷 소프트웨어 개발에 있어서 상업적인 성공 사례와 실패 사례를 비교한 바 있다. 연구에 따르면 한 가지 흥미로운 점이 발견되는데 상업적으로 성공한 모든 프로젝트의 책임자들은 개발 당시 그들이 성공할 것이라고 생각하지 않았다는 점이다. 이들이 취한 개발 방법론이 전통적인 스테이지게이트의 관점에서 봤을 때는 실패작이었기 때문이다. 성공 사례들에는 남보다 서둘러 제품의 시제품을 개발하여 고객에게 제품에 대한 의견을 청취했다는 공통점이 있었다. 당연히 조기에 만들어진 시제품이라 그 완성도는 낮을 수밖에 없었고 고객들로부터 수많은 문제점을 지적 받았다. 개발자들은 문제점을 다시 수정하고 새로운 시제품을 만들어 고객들의 의견을 듣는 과정을 반복하였다. 개발자 입장에서는 반복되는 고객의 요구사항을 듣고 수정해야 했기 때문에 성공하기 어려울 것이라고 생각하였으나 이러한 과정을 밟은 모든 프로젝트는 상업적으로 큰 성공을 거두었다. 조기에 고객의 요구사항을 효과적으로 반영하고 그 과정을 반복함으로써 좀 더 고객 친화형 제품이 탄생했기 때문이다.

조기 시제품 개발, 고객 의견 청취, 재개발로 이어지는 순환형 제품 개발 체계는 기존 스테이지게이트와는 전혀 다른 제품 개발 방법론이다. 스테이지게이트 체계 하에서는 모든 기능에 대한 상세 스펙이 확정되고 난 이후 제품 개발 단계로 넘어가게 되고 제품 개발이 완료되어야 테스트 단계로 넘어가게 되어 있었다. 각 단계를 담당하는 부서가 달랐고, 이로 인해 부서 간 책임 소재 문제가 끊임없이 발생하기 마련이었으며 결과적으로 게이트를 더욱 엄격하게 관리하는 형태로 제품 개발 체계가 형성되어 왔다. 그러나 최근의 급변하는 경쟁 환경은 제품의 개발이 거의 완료된 상태에서도 요구사항 변경에 의하여 다시금 재작업이 필요한 상황을 만들고 있다. 이러한 환경에서는 고객 요구사항에 대한 좀 더 유연한 개발 체계인 순환형 제품 개발 체계가 효과적이다. 순환형 제품 개발 체계는 소프트웨어 개발에서 주로 시도되고 도입되는 추세이나 하드웨어 개발에도 여러 가지 시사점을 주고 있어 많은 기업들이 이 둘의 장점을 결합한 제품 개발 체계를 갖추기 위해 노력하고 있다. 최근에는 혁신적인 제품을 개발하는 경우에는 순환형 제품 개발 체계 중심으로 운영하고, 기존 제품의 업그레이드에 해당하는 경우에는 스테이지게이트 중심의 개발 체계를 운영하는 방안이 보편적이다.

순환형 제품 개발 체계의 구현

순환형 제품 개발 체계를 갖추기 위해서는 기존의 스테이지게이트 체계에서 순차적으로 진행되던 개발 단계를 좀 더 짧은 여러 개의 완결형 순환고리를 만들어 지속적으로 반복해야 한다. 모든 개별 순환고리 내에는 반드시 고객 피드백을 수렴하고 제품에 반영하는 것이 포함되어야 한다. 초기 순환고리에서는 다양한 고객의 요구사항이 발생될 수 있으나, 순환고리를 거치면서 제품이 발전함에 따라 고객의 요구사항도 정제되면서 조금씩 줄어든다. 조기 시제품을 통한 고객 요구사항 수렴이 주는 장점은 고객 친화형 제품을 개발할 수 있다는 점뿐만 아니라 제품 개발 비용도 낮출 수 있다는 점이다. 일반적으로 알려져 있듯이 제품 개발의 후반 단계로 갈수록 제품의 수정에 드는 비용은 급격하게 증가할 수밖에 없다. 따라서 개발 초기에 변화 요인을 최대한 추려내는 것이 개발비 절감에는 매우 중요하다. 그러나 개발 초기에 완결형 순환고리를 만들고 고객 피드백을 수렴한다는 것은 얼핏 보기에는 용이해 보이지만 실제 구현하기는 결코 쉽지 않다. 이는 많은 개발자들이 개발 착수 이전에 상세한 수준의 제품 스펙과 개발 일정을 바탕으로 개발을 진행하는 스테이지게이트 체계에 익숙해져 있기 때문이다.

개발 스펙을 사전에 확정하지 않는 순환형 제품 개발에서 이러한 문제를 효과적으로 푸는 방법은 상위 개념 수준의 제품 개발 방향을 일관성 있게 유지하는 것이다. 즉 새로운 순환 고리를 시작할 때 어떤 기능을 추가로 개발할 것인지, 무엇을 우선적으로 개발할 것인지에 대해 상세한 개발 스펙을 확정하고 시작하는 것이 아니라 개발하고자 하는 제품의 콘셉트를 충족시킬 수 있는지를 팀원들 간의 토론을 통하여 결정한다.

1989년 일본 도요타의 고급차 브랜드인 렉서스의 탄생 시기로 거슬러 올라가보자. 당시 도요타의 임원진은 메르세데스벤츠나 BMW와 같은 고급차 브랜드를 반드시 만들어야 한다고 생각하고 있었다. 개발 총책임자였던 스즈키 이치로는 새로운 고급차 브랜드가 되기 위해서는 다음의 여섯 가지 상충되는 목적을 동시에 달성할 수 있어야 한다고 보았다.

1. 높은 조정 안정성을 보여주면서도 뛰어난 승차감
2. 빠르고 부드러운 주행이면서 높은 연비 실현
3. 정숙하면서도 가벼울 것
4. 우아하면서도 공기 저항은 적을 것
5. 고급스러우면서도 기능적인 인테리어
6. 고속에서 안정적이면서도 마찰은 적을 것

개발팀은 개발 착수 이전에 제품의 상세 스펙을 확정하고 개발을 진행한 것이 아니라 위의 제품에 대한 여섯 가지 목적을 충족시켜야 한다는 것을 최우선 목표로 삼고 모든 기술적인 요소를 검토하면서 제품 개발을 진행하였고 마침내는 독일의 명차를 뛰어넘는 렉서스라는 고급차를 출시할 수 있었다.

반면 일반적인 자동차 회사의 제품 개발은 전형적인 스테이지게이트 체계를 따르는 것이 대부분이었다. 예를 들어 크라이슬러의 미니밴의 경우 몸체 부분에만 1,700개 이상의 기능 요구사항을 정의하였으며 이를 위한 수천 페이지에 달하는 제품 스펙에 대한 정의서가 작성되고 나서야 제품 개발에 착수하였다.

이러한 제품 컨셉을 기준으로 한 순환형 제품 개발은 팀원들 간의 격렬한 토론과 논쟁을 필요로 한다. 효과적인 토론 분위기를 조성하면서 개별 순환고리의 과정을 운영하는 개발 책임자의 역할이 무엇보다 중요한 것이 순환형 제품 개발 체계이다.

고객 요구사항 반영하기: 품질 기능 전개

이번에는 고객 요구사항을 제품에 반영하기 위한 기법에 관해 살펴보자. 고객 요구사항을 제품 개발에 반영한다는 것은 결코 쉬운 일은 아니다. 먼저 고객의 여러 요구사항 가운데 어떤 부분을 제품 개발에 반영할 것인지를 결정하기 위해서는 고객 요구사항을 구체화하는 과정이 필요하고 각 요구사항을 어떤 기능으로 구현할 것인지를 결정하는 것도 필요하다. 이를 위한 대표적인 기법이 품질 기능 전개QFD, Qualify Function Deployment이다.

품질 기능 전개의 기본 개념

품질 기능 전개의 기본 개념은 고객의 요구사항을 제품의 설계 특성으로 변환하고 이를 다시 부품 특성, 공정 계획, 생산 계획까지 전개해 나감으로써 고객의 요구가 최종 제품에 충실히 구현되게 하는 데 있다. 즉, 품질 기능 전개는 고객의 추상적인 요구사항을 제품 개발 요구사항이라는 기술적인 언어로 변환하는 과정이다.

고성과 기업은 품질 기능 전개를 통해 고객이 원하는 것이 무엇인가를 파악하고, 중요도와 우선순위에 따라 한정된 자원을 활용하여 품질 개선 과제를 선택하며, 품질 개선을 통해 고객 지향적인 제품을 개발한다.

품질 기능 전개의 활용법

품질 기능 전개를 위해서는 그림 2-11과 같은 품질집HOQ, House of Quality라고 불리는 특수한 형태의 도표가 사용된다. 품질집 구성은 왼

쪽에서부터 시작하는데, 우선 고객으로부터 파악한 고객의 요구사항을 가장 왼쪽에 나열하고 우선순위를 부여한다. 다음으로 고객 요구사항을 반영하고자 하는 제품의 기능 특성을 품질집의 상단에 배치한다. 예를 들어 "의자의 높낮이 조절이 가능해야 한다"는 고객 요구사항을 충족시키기 위한 높낮이 조절 방식과 조절 범위가 기능 특성이 되는 것이다. 그리고 기능 간의 상관 관계가 품질집의 가장 상단에 위치하게 되는데, 예를 들어 지나치게 높낮이 조절 범위를 넓히는 경우 발생할 수 있는 내구성에 대한 악영향이 이에 해당한다.

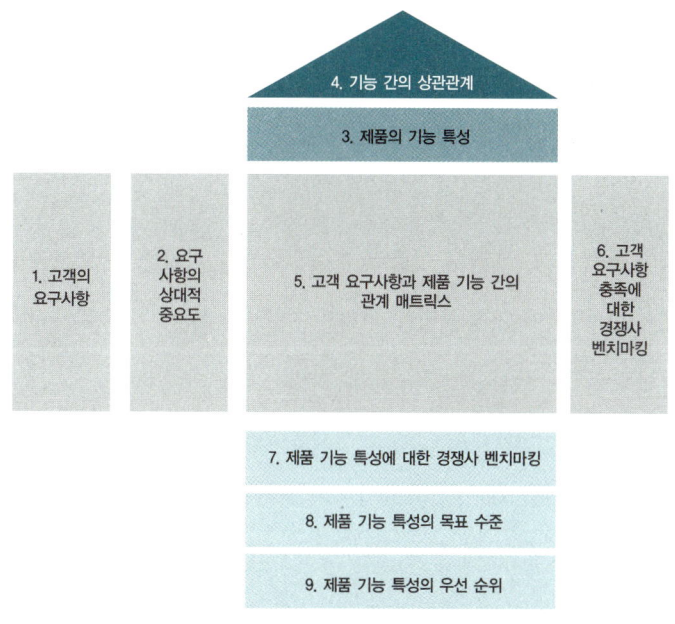

그림 2-11 품질집의 기본 구조

기능 간 상관관계를 파악한 후에는 가장 중요한 품질집의 몸체를 만드는 작업이 필요한데 고객의 요구와 제품 기능을 연계시키는 관계 매트릭스를 통해 만들어진다. 관계 매트릭스 작성은 소비자의 요구사항을 만족시키는 제품의 기능이 얼마나 강하게 연결되어 있느냐를 표시하는 작업이다.

다음으로는 고객 요구사항 충족에 대한 경쟁사 벤치마킹 작업이다. 이 과정은 고객 요구사항에 대하여 소비자가 느낀 제품들 간의 순위를 표시하는 방식으로 이루어진다. 이러한 작업을 통해 자사 제품이 경쟁사에 비하여 좀 더 잘 충족시키고 있는 고객 요구는 무엇인지 그리고, 아직 충족시키지 못하고 있는 요구는 무엇인지를 파악하는 데 필요한 정보를 얻을 수 있다.

마지막으로 관계 매트릭스 분석을 통해 얻어진 제품 기능의 목표 수준을 정리하고 경쟁사와의 기능 간 차이 및 특성의 우선순위를 품질집의 하단에 표시한다.

품질 기능 전개를 통해 품질집을 완성함으로써 고객의 중요한 요구사항이 무엇인지, 그리고 이를 효율적으로 충족시켜줄 수 있는 기능은 무엇이며, 그것이 가능한지를 파악할 수 있다. 동시에 경쟁사 제품과 비교하였을 때 어느 정도의 우위에 있는지도 알 수 있다.

위의 과정을 통해서 하나의 품질집을 만들게 되는데 이렇듯 품질집을 만드는 작업을 계속 반복하면 소비자의 요구사항을 부품, 공정 단계까지 전개할 수 있게 된다. 품질집을 반복하는 과정에서는 이전 품질집의 결과물이 다음 품질집의 요구사항으로 활용된다. 이러한 과정은 구체적인 설계 스펙을 확정할 때까지 계속적으로 반복될 수 있다(그림 2-12 참조).

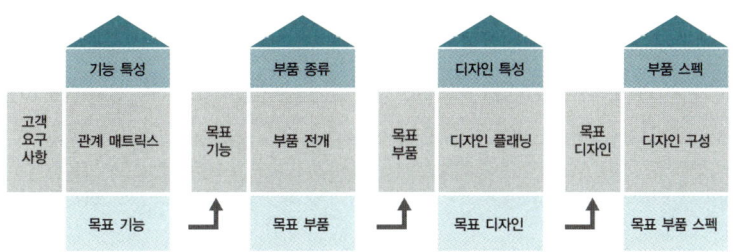

그림 2-12 품질집의 반복을 통한 고객 요구사항의 전개

품질 기능 전개의 한계와 대안

품질 기능 전개를 활용하여 고객 요구사항을 제품의 기능이나 부품으로 어떻게 전개할 수 있는지 살펴보았다. 하지만 실제 품질 기능 전개를 기업 현장에서 그대로 활용하고 있지는 않다. 품질 기능 전개에는 여러 가지 한계가 있는데 작업에 시간이 오래 걸린다는 점과 원가 측면을 고려하지 못한다는 점이 가장 많이 지적되는 문제점이다. 이에 대한 대안으로 품질 기능 전개를 위한 컴퓨터 프로그램을 사용하는 방법과 함께 원가 개념이 포함된 품질 기능 원가 전개QFCD, Quality Function Cost Deployment 방법이 제시되고 있다. 도요타나 크라이슬러와 같은 글로벌 자동차 회사들은 품질 기능 원가 전개를 통하여 효과적인 제품 개발뿐만 아니라 원가 절감까지 동시에 실현한 것으로 알려져 있다.

국내 기업에 대한 시사점

지금까지 고객 요구사항을 어떻게 파악하여 관리하고 신제품 개발에 어떤 식으로 반영될 수 있는지 살펴보았다. 여기서 고객 지향적인 제품 개발 체계가 국내 기업에 주는 시사점을 정리해 보자.

첫째, 고객 요구사항 파악을 위한 다양한 채널 개발이 필요하다. 전통적인 영업망을 통하거나 마케팅의 시장 조사에 의존할 것이 아니라, 온라인을 통한 데이터 확보나 서비스 센터, 콜센터 등을 적극적으로 활용할 필요가 있다.

둘째, 통합적인 고객 데이터베이스 구축을 추진하여야 한다. 다양한 접점을 통해 입수되는 고객 정보는 하나의 단일화된 데이터베이스를 통해서 관리될 때에만 진정한 시너지를 발휘할 수 있다. 지속적인 고객의 니즈와 트렌드 분석을 통해 시장이 요구하는 제품을 개발하는 것이 중요하며, 이를 위해서는 무엇보다 통합된 고객 데이터베이스 구축이 필수적이다.

셋째, 통합된 고객 정보로부터 제품 개발을 위해 의미있는 정보를 추출해낼 수 있는 자체적인 기준이나 원칙 수립되어 있어야 한다. 이를 위해서 분석력이 뛰어난 인재들에게 통합 고객 데이터베이스에 대한 관리 및 분석 업무를 맡기고 다양한 분석 기법들을 적용할 필요가 있다.

넷째, 제품 개발은 고객을 대면하고 있는 모든 부서가 협력해야 하는 일이며, 이를 위해 개발부서와 영업, 마케팅 등 고객 접점 부서 간의 효율적인 협업체계를 구축하는 것이 무엇보다 중요하다. 단적인 예로 제품 개발부서와 영업, 마케팅, 서비스 부서 간의 주기적인 회의체를 운영하는 것에서부터 시작하여 신제품 개발을 위한 다기능 조직과 같은 조직 구성까지 고려해야 한다.

다섯째, 끊임없이 변화하는 고객 요구사항에 효과적으로 대응하기 위한 순환형 제품 개발 체계를 적극 검토할 필요가 있다. 물론 모든 제품 개발 환경에 순환형 제품 개발 체계를 적용할 수 있는 것은 아니다. 그러나 스테이지게이트 체계에서의 장점과 순환형 제품 개발 체계의 장점을 조합한 새로운 형태의 제품 개발 체계를 적극적으로 고민할 필요가 있다.

콜센터를 활용한 고객 지향적인 제품 개발 사례: GE

GE는 잘 알려진 것처럼 가전제품, 전기/전자 제품, 헬스케어, 항공, 에너지 등의 다양한 영역에 걸쳐 사업을 전개하고 있는 거대한 글로벌 기업이다. GE는 콜센터를 응답센터Answer Center라고 부르는데, 이는 고객으로부터 접수되는 여러 서비스 요청 건에 대한 응답이라는 측면도 있지만 기업 내부적으로 마케팅이나 제품 개발 부서의 요청 사항에 대한 응답이라는 측면도 동시에 포함되어 있는 명칭이다. GE는 콜센터를 고객과 제품 개발 부서 간 의사소통의 가교로 활용하고 있으며, 이는 GE의 고객 지향적인 제품 개발 철학을 반영한 운영 원칙이라고 할 수 있다.

GE의 콜센터 운영 방식을 살펴보면, 마케팅이나 제품 개발 부서에서 신규 제품에 대한 고객의 평가나 제품의 기능에 대한 고객들의 사용 경험을 알고 싶은 경우 이를 얻어내기 위한 질의서를 작성하여 콜센터로 보낸다. 이렇게 작성된 질의서는 콜센터 부서 내의 전담 조직에 의하여 콜센터 상담원이 고객 응대 시 활용할 수 있는 스크립트(고객과 효과적으로 통화하기 위한 상세 절차와 구체적인 대화 내용을 담아놓은 안내서) 형태로 작성된다. 상담원들이 고객과 통화할 때마다 컴퓨터 화면에 질의서 내용이 자동으로 뜨게 되어 상담을 마친 후 해당 질문을 고객에게 묻고 고객의 답변을 기록한다. 이렇게 정리된 답변들은 취합되어 최초 질의서를 작성하였던 마케팅부서나 제품 개발부서로 보내진다. 마케팅이나 제품 개발 부서는 고객의 답변을 참조로 하여 마케팅 전략을 수립하거나 신제품을 개발할 때 적절하게 활용한다.

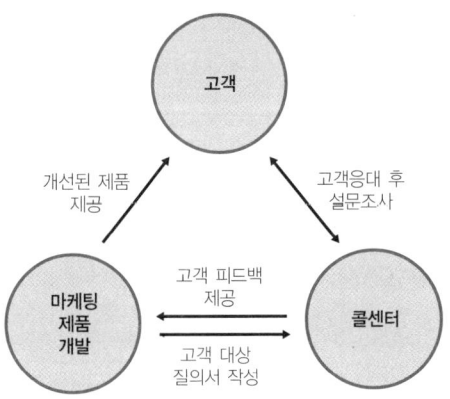

그림 2-13 GE의 콜센터를 활용한 제품 개발 반영

GE의 콜센터 운영에 있어서 또 한 가지 특징은 콜센터를 전화만 받는 단순 상담부서로 인식하지 않는다는 점이다. 근래에 들어 콜센터는 사실상 아웃소싱에 의한 운영이 대세가 되었다. 대부분 아웃소싱으로 전환했다는 사실 자체가 적절한 수준의 서비스만 보장된다면 최대한 낮은 비용으로 운영하는 것이 타당하다고 보는 기업들의 인식이 반영된 결과이다. 그러다 보니 서비스 데이터의 효과적인 활용 가능성이 큼에도 불구하고 고객 응대만 하면 되는 변두리 조직으로 자리매김하고 있는 현실이다. 그러나 GE는 이러한 콜센터 운영에 대한 인식에 변화를 주고 있다.

GE의 경우 콜센터의 상담원을 고객과 가장 가까운 접점에 존재하는 중요 자원으로 보고 이들에게 일반적인 콜센터 상담원보다 중요한 임무를 부여한다. 앞서 보았던 추가적인 설문조사뿐만 아니라 주요한 제품 개발 회의나 미팅 시에 상담원을 초대하여 적극적인 의견 개진을 하게끔 유도하고 있다. 상담원들은 마케팅 전략이나 제품 개발 방향성 수립과 관련하여 고객이 무엇을 주로 불편해 하는지, 무엇에 대한 개선 요구사항이 있는지에 대한 의견을 가지고 고객 입장에서 참여한다. 이를 통하여 자칫 개발자 위주의 제품 개발 프로세스를 고객 중심으로 수정할 기회를 마련하고 있다.

B2B 기업의 고객 요구사항 파악 활동 사례: 디자인 인^{Design In}

일반 소비자가 아닌 기업 고객을 상대로 하는 B2B 기업의 경우에도 고객 요구사항을 파악하고 이를 통해 시장 기회를 발굴하여 제품 개발로 연계하는 활동은 중요하다. B2B 기업의 고객 요구사항 파악은 고객의 범위가 상대적으로 좁고, 제품의 개발이 고객 의존적인 성격이 강하기 때문에 제품 개발의 초기 단계부터 고객과 효과적인 협업 체계를 구축하는 것이 핵심이다. 이러한 B2B 기업에 특화된 고객 요구사항의 파악 활동을 '디자인 인^{Design In}'이라 부른다.

디자인 인 활동은 주로 반도체 산업이나 자동차 부품 등에서 활발하게 진행되는데, 범용품에 비해 비용이 높아지는 단점은 있지만 고객 요구사항에 적합한 제품을 만들 수 있다는 장점이 있다.

글로벌 반도체 제조사인 A사는 기술적인 고객 요구사항을 이해할 수 있고 자사 제품에 대한 지식이 풍부한 기술자를 영업 조직 내에 보유하고 있다. 이들은 영업사원과 함께 고객 미팅을 진행하고 새로운 영업 기회를 포착한다. A사는 고객 요구사항에 대한 정보 축적 및 관리를 통해 시장에 존재하는 영업 기회를 체계적으로 통합 관리하고, 디자인 인 활동에 대한 관리 및 모니터링을 통해 공동 개발한 제품의 성공률을 높이는 활동까지 전개하고 있다. 이를 위하여 고객과의 기회 포착에서부터 성공적인 수주까지 영업 기회의 라이프사이클 전체를 관리하는 시스템도 같이 운영하고 있다. A사는 이 시스템을 '디자인 인 추적 시스템Design-In Tracking System'이라는 명칭으로 부르고 있다.

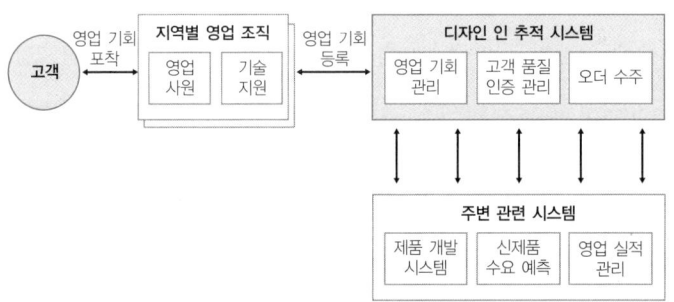

그림 2-14 디자인 인 추적 시스템 (출처 : 액센츄어, 2009)

또 다른 글로벌 반도체 제조사인 B사는 시장 기회에 대한 선행 발굴을 위해 '시장 대면 조직MFU : Market Facing Unit'이라고 불리는 협의체를 운영한다. 시장 대면 조직은 특정 고객과의 적극적인 접촉을 통해 기회를 발굴하는 고객 중심의 협의체를 의미한다. 이 협의체는 영업같은 특정 부서에 국한하는 것이 아닌, 전사 관점에서 고객의 다양한 정보를 확보하기 위하여 상품 기획, 고객 지원, 개발 팀의 인력 등을 포함하고 있다. 이 협의체는 중장기 관점의 신제품 개발 기회 확보 및 협력 관계 구축을 목적으로 운영한다. 활동 기간 중에는 협의체로 인사발령을 내어 활동하고 목적 달성 후 해체하는 형태로 운영되고 있다.

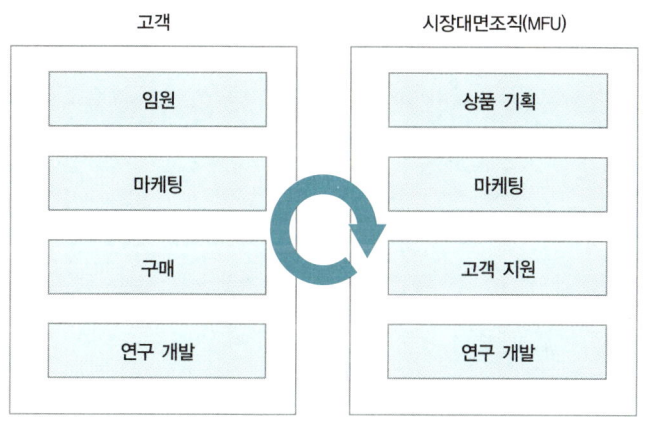

그림 2-15 적극적인 제품 기회 발굴을 위한 협의체 운영 (출처 : 액센츄어, 2009)

3장

혁신 제품을 위한 R&D 포트폴리오 전략

액센츄어 글로벌 서베이에 따르면, 고성과 기업의 신제품 개발 전략의 특징은 '선택과 집중', '효율적인 자원 배치', '과감한 혁신 추구'로 정리할 수 있다. 고성과 기업은 R&D 전략을 수립할 때 더욱 혁신적인 신제품 개발을 강조하고, 선택과 집중을 통해 이러한 프로젝트에 더 많은 개발 인력과 예산을 투입한다. 또한 전략 실행 단계에서는 지속적인 모니터링을 통해 진행 중인 개발 프로젝트들의 옥석을 가려내고 인력, 설비 등 가용 자원의 재배치를 수행한다. 이러한 과정을 통해 62%의 고성과 기업이 대부분의 신제품 개발에서 사업 목표를 만족시키는 뛰어난 성과를 거두고 있다.

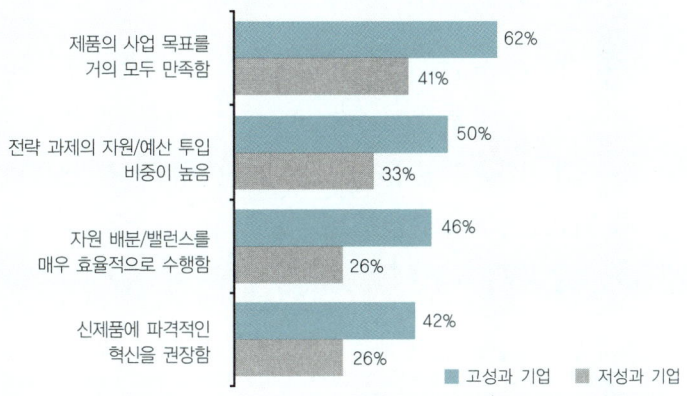

그림 3-1 신제품 혁신과 개발 전략 (출처: 액센츄어, 2009)

국내 제조업의 개발 전략 현주소

산업 영역을 막론하고 제품 및 서비스 개발에 종사하고 있는 사람들은 과제 관리 또는 프로젝트 매니지먼트 project management라는 용어에 익숙할 것이다. 이는 제품 또는 서비스 개발 과제의 일정, 투입 인력, 비용 등에 대한 계획을 수립하고 실적 관리를 통해 실행력을 극대화하는 활동이다.

선진 기술을 발 빠르게 도입하여 신속하게 상용화하는 데 성공한 국내 기업들은 프로젝트 매니지먼트 역량을 키우기 위해 많은 노력을 기울여왔으며, 이러한 실행력을 바탕으로 국제 무대에서도 선전하고 있다. 하지만 강한 실행력만큼 높은 효율성도 중요한 요소이다. 적이 있는 방향으로 기관총을 열심히 쏘는 것과 스나이퍼가 조준을 통해 한 발로 명중시키는 것의 차이라 할 수 있겠다. 지금까지 국내 기업들은 이른바 기관총을 쏘는 '머신건 machine gun' 전략을 구사해 왔다고 할 수 있다. 이러한 전략으로 인해 매출의 규모는 커졌지만, 이익의 폭은 선진 기업에 비하여 전반적으로 낮은 것이 사실이다. 애플의 아이폰이나 모토롤라의 레이저 같은 경우는 머신건 전략의 반대 개념인 '스나이퍼' 전략으로 성공을 거둔 사례이다.

그렇다면 효율을 높여 이익률을 제고한다는 것은 어떤 의미일까? 제품 개발 과제를 수행할 때 재작업과 낭비를 줄여나가는 노력이 항상 필요하지만, 그 이전에 근본적으로 모든 과제를 수행할 필요가 있는지부터 고려해야 한다. 즉, 기업의 사업 전략에 기초하여 우선적으로 개발이 필요한 과제에 자원을 집중하는 체계가 필요하며, 이는 사업 전략에 근거한 개발 전략 수립과 이에 기초한 개발 과제 선정 및 실행 역량의 강화를 통해 이루어진다.

이 단원에서는 사업 전략이 개별 제품/서비스 개발 과제의 실행으로 연계되는 프로세스에 대해 알아보고, 이 과정에서 선택과 집중을 통해 기업의 자원을 체계적으로 분배할 수 있도록 지원하는 포트폴리오 관리 체계에 대해 집중적으로 다룬다.

사업 전략 수립에서 개발 실행까지

시장의 요구사항이나 기술 트렌드가 실제 제품으로 구현되기까지 다양한 이해관계자들이 관여한다. 일반적으로 마케팅 활동을 통해 수집된 시장의 요구사항은 회사의 사업 전략을 반영하여 제품 개발 계획으로 표현되며, 이는 다시 회사 내부의 자원을 감안하여 구체적인 실행 계획으로 전환된다. 회사마다 차이는 있겠지만 이러한 과정에 마케팅부서, 사업기획부서, 기술개발부서, 제품개발부서, 구매부서 등 다수의 부서가 관여하며, 업종에 따라서는 회사의 외부 조직과 의사소통을 하는 경우도 빈번히 발생한다. 이렇게 다양한 이해관계자가 관여하는 경우 제품 개발의 핵심 성공 요소는 회사의 사업 전략이 왜곡 없이 신속하게 제품 개발의 실행 단계로 연계되는 것이다.

액센츄어는 R&D 실행 단계를 아래와 같이 크게 세 가지로 구분하며, 각 단계별 성과 극대화를 위한 주요 활동을 그림 3-2와 같이 정의한다.

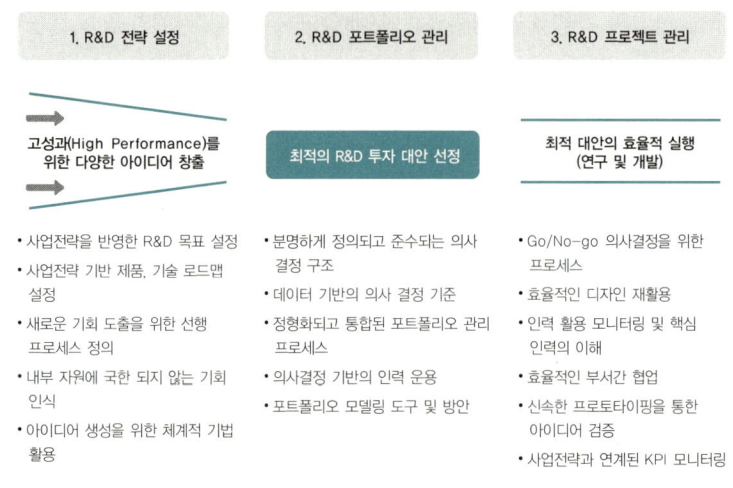

그림 3-2 R&D 실행 단계 (출처: 액센츄어, 2009)

첫 번째는 기업의 사업 전략에 기초한 R&D 전략 설정이다. 사업 전략이 목표 시장을 정의하고 목표 시장에 진출하기 위한 요소를 파악하는 것이라면, 이를 달성하기 위해 필요한 기술과 제품 개발의 우선순위를 결정하는 것이 R&D 전략이라 할 수 있다. 이러한 R&D 전략의 주요 산출물은 개발 대상인 기술 및 제품, 그리고 이들의 우선순위를 설정한 기술 로드맵TRM, technology roadmap과 제품 로드맵PRM, product roadmap이다. 로드맵을 통해 목표를 달성하는 데 필요한 핵심 기술과 제품을 파악할 수 있다. 또한 전사적 공통 목표를 제시하여 부서 간 원활한 의사소통이 가능해진다.

두 번째는 로드맵에 명시되어 있는 마일스톤을 달성하기 위한 기술/제품 개발 과제의 발의와 선정 과정으로서, 흔히 포트폴리오 관리라고 불린다. 포트폴리오 관리는 동일한 기술/제품에 과도하게 투자하거나 중요 기술을 간과하는 일을 피할 수 있으며, 핵심 기술을 공동으로 개발할 수 있는 기반을 제공함으로써 전사 차원에서 R&D 예산을 효율적으로 배분할 수 있게 해준다.

세 번째는 포트폴리오 관리 활동을 통해 선정된 기술과 제품 개발 과제의 구체적인 실행 계획을 수립하고 이를 관리하는 것으로 흔히 프로젝트 매니지먼트라고 알려져 있다. 프로젝트 매니지먼트 영역은 제품 개발 정보를 체계적으로 관리하는 PDM(product data management) 시스템의 도입과 함께 국내 기업에도 20년 전부터 도입되어 현재까지 꾸준히 활용되어 왔으며, 이에 대한 관리 수준과 지식이 고도화되어 있다.

국내 기업의 경우, 세 번째 단계인 프로젝트 매니지먼트 영역에는 익숙하지만, 첫 번째와 두 번째 단계인 R&D 전략 수립과 포트폴리오 관리 영역에서는 체계적인 프로세스나 운영 기준이 정립되지 않은 상태로 필요에 따라 일회성으로 대응하거나 경영층의 의사결정으로 진행하는 경향이 있어 왔다. 선진 기술을 빠르게 도입하여 신속하게 상용화하는 것에 익숙한 국내 기업에는 이러한 방식이 더욱 적합한 모델이었다. 하지만 시장을 선도하는 혁신 기업으로 발돋움하고자 한다면, 실행에 앞서 객관적이고 견고한 근거에 기초하여 지속적으로 혁신을 주도할 수 있는 전략 수립은 필수적이다.

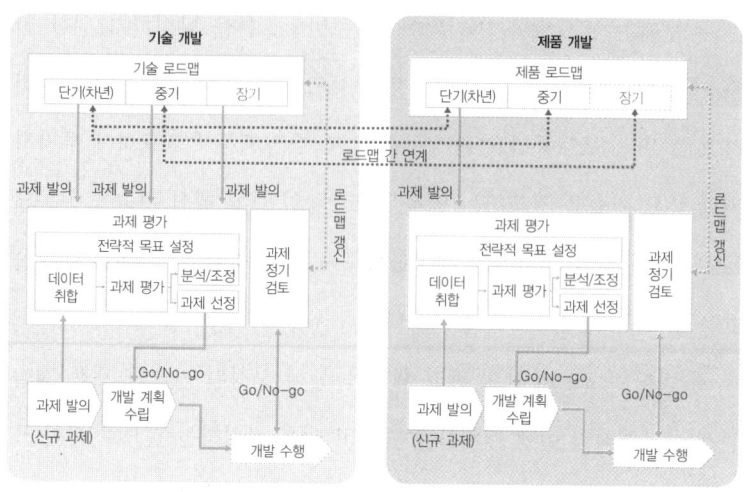

그림 3-3 전략(roadmap)에서 과제 실행까지의 연계 체계 (출처: 액센츄어, 2009)

앞에서 언급한 세 가지 영역에 대한 명확한 업무 정의와 함께 고려해야 할 것은 각 업무 영역 간의 연계성이다. 그림 3-3과 같이 기술 개발과 제품 개발을 모두 수행하는 기업의 경우, 로드맵과 포트폴리오 관리 간 연계를 통해 실현 가능한 계획과 전략이 수립될 수 있고, 기술과 제품 간의 로드맵 연계를 통해 선행 개발된 기술이 적시에 상용화될 수 있게 해야 한다. 또한 포트폴리오 관리를 통해 지속적으로 실행과제들을 조율함으로써 기술, 제품 로드맵의 준수 여부를 관리해야 한다. 이러한 연계를 실제 상황에 적용하는 것은 매우 복잡하기 때문에 각 이해관계자의 역할과 책임을 명확히 하고, 정형화된 절차로 정의하는 것이 매우 중요하다. 이러한 절차를 정의하기 위해 일반적으로 그림 3-4와 같이 연간 계획을 기준으로 각 부서에서 수행해야 하는 업무와 부서 간의 업무 프로세스를 기술한다.

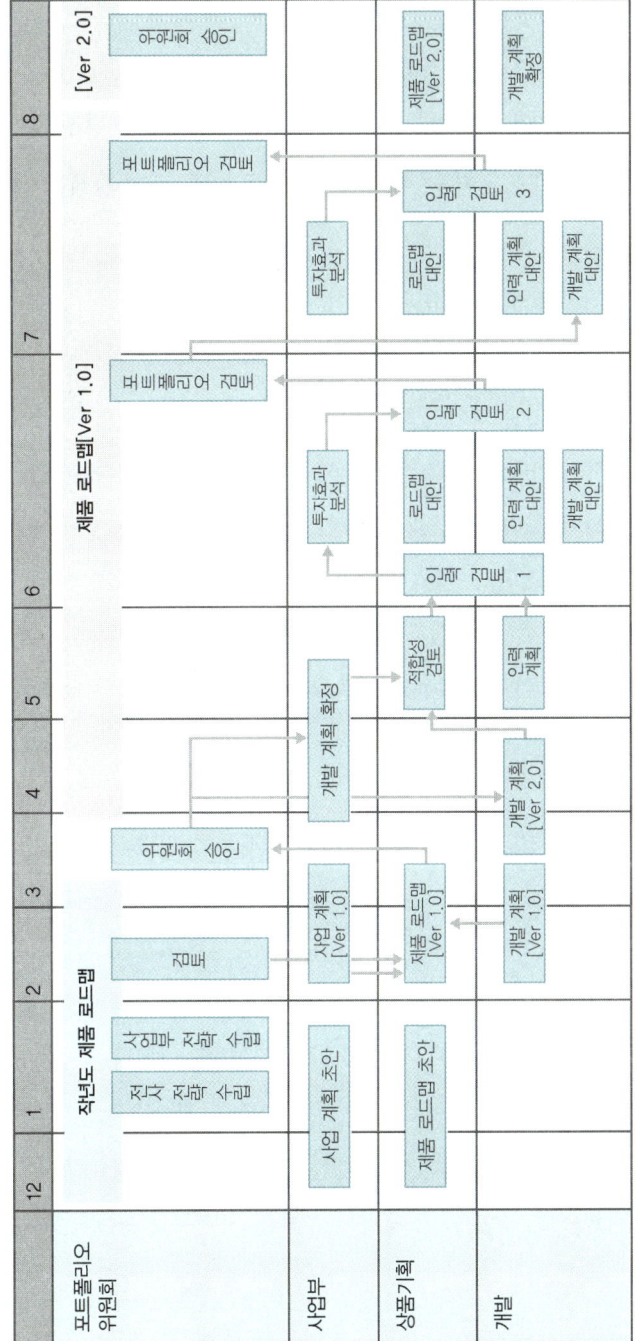

그림 3-4 연간 계획 수립 프로세스 (출처: 액센츄어, 2009)

3장 혁신 제품을 위한 R&D 포트폴리오 전략 79

포트폴리오 관리

포트폴리오 관리Portfolio Management란 회사의 전략적 목표를 달성하기 위해 현재 개발 중이거나 향후 개발 예정인 제품/기술 개발 과제를 선정하고 우선순위를 설정하는 과정이다. 포트폴리오 관리의 목적은 다음과 같이 세 가지로 구분할 수 있다.

목표 #1. 포트폴리오 가치의 극대화: 전체 개발 과제의 가치value를 극대화하기 위해 적절한 과제를 선택하는 것이 중요하다. 과제의 가치를 산정하기 위해서 다양한 방법론과 도구들이 활용되는데, 향후 예상되는 재무적인 가치를 산정하거나(미래에 예상되는 재무적 가치를 현재 시점의 가치로 변환한 순현가net present value 모형이 대표적이다) 스코어링 모델을 통해 정성적인 점수를 매기기도 한다.

목표 #2. 포트폴리오의 균형 유지: 개발 과제들이 편중되지 않고 회사의 전략을 효과적으로 달성하기 위한 조합으로 구성되어 있는지를 관리한다. 예를 들어 현재의 포트폴리오가 기업의 장기적인 목표 달성보다 단기적인 이윤 추구 과제에 집중되어 있다면 장/단기 과제 간 균형이 유지될 수 있도록 조정을 해주는 활동을 의미한다. 주로 그림이나 그래프(버블 차트, 파이 차트 등) 형식의 도구를 활용하여 포트폴리오의 균형을 모니터링한다.

목표 #3. 회사 자원의 효과적 활용: 많은 기업이 보유한 자원(인력, 시간)에 비해 과도한 개발 과제를 진행하다가 다양한 부작용들을 경험한다. 포트폴리오 관리의 목적은 제한된 자원의 공급과 수요의 균형을 조절하여, 가치를 극대화(Goal #1)하고 전략을 달성할 수 있도록 포트폴리오의 균형을 유지(Goal #2)하는 것이다.

(출처: Product Development Institute Inc., 2008)

액센츄어는 앞서 언급한 포트폴리오 관리의 세 가지 목적을 달성하기 위해 포트폴리오 관리 프레임워크를 그림 3-5와 같이 정의한다.

	전략목표 설정	과제 평가 및 우선순위 설정		과제 선정 및 포트폴리오 밸런스 분석/조정	
	전략목표 설정	과제 데이터 취합	과제 평가	후보 과제 선정	포트폴리오 밸런스 분석/조정
설명	• 제품/기술전략 기반 버킷별 R&D 투자 비중 결정	• 과제 평가를 위한 데이터 수집 • 진행 / 신규 과제 대상	• 과제 평가 로직 기반 버킷별 과제 평가 점수 산정	• 과제 우선순위, 과제간 의존관계, 가용 예산 및 인력 기반 후보 과제 선정	• 포트폴리오 밸런스 분석을 통한 투자 적합성 확인 • 과제 선정 결과 조정
수행 결과	• 버킷별 목표 투자 비중	• 과제 데이터 • 신규 과제제안/발의 데이터) • 진행 과제(변경 계획)	• 과제 평가 점수	• 사업계획(개발과제 계획) (Draft) • 필요 예산/인력	• 포트폴리오 밸런스 분석 결과(버킷별 투자 비중, 전략과의 Gap 등) • 최종 개발 과제 계획 • 최종 필요 예산/인력

그림 3-5 포트폴리오 관리 프레임워크 (출처: 액센츄어, 2009)

전략 목표 설정

포트폴리오 관리의 시작은 명확한 전략 목표의 설정이다. 전략 목표는 사업 전략과 부합하는 포트폴리오를 구성하는 기준 역할을 한다. 따라서 가능하면 정량적인 목표의 설정이 필요하다. 예를 들어 기존 주력 상품의 판매에 무게중심을 두되 경쟁사와 차별화된 신시장 개척 또는 혁신적 신기술 개발을 하고자 한다면, '기존 제품 : 신시장 개척 제품 :

혁신적 신기술 = 7 : 2 : 1'처럼 각 전략 구분에 대한 자원의 할당 비율을 정량적으로 설정한다. 이런 전략 구분을 버킷bucket이라고 한다.

위의 예시에서는 간단하게 세 개의 버킷으로 나누었지만, 관리 수준에 따라 서브 버킷으로 나누어야 하는 경우도 있다. 버킷을 구분할 때 유의해야 할 점은 각 버킷의 정의를 명확히 해야 한다는 점이다. 각 버킷 내에 포함된 과제들은 해당 버킷의 평가 기준을 따르기 때문에 과제가 속한 버킷에 따라 평가 점수가 다르게 산정될 수 있다. 모호한 정의로 인해 버킷 A에 포함되어야 할 과제가 버킷 B에 포함된다면 실행해야 할 과제가 탈락하는 뜻하지 않은 결과를 초래할 수도 있다.

버킷을 구분하는 기준은 산업이나 회사마다 다르겠지만, 일반적인 고려 요소는 다음과 같다.

- 개발 기간: 제품/기술의 개발 기간(단/중/장기 등)에 따른 구분
- 제품 특성: 제품의 특성/성능에 따른 구분
- 복잡도: 제품의 복잡도(상/중/하)에 따른 구분
- 목표 고객: 목표 고객군에 따른 구분

첨단 전자 산업에 속한 글로벌 C사의 경우 버킷을 현재 사업 강화(A), 신규 영역 확대(B), 기초/기반 기술 확보(C)의 3개로 구분했으며, 제품과 직접적 관련이 있는 A와 B 버킷은 제품에 적용되는 시점을 기준으로 각 버킷의 구분을 명확히 했다. 예를 들어, Y, Y+1년 이내에 제품에 적용되는 과제는 현재 사업 강화 버킷으로 구분하고, 제품 적용에 Y+2년 이상이 소요되는 과제는 신규 영역 확대 버킷으로 구분했다.

	현재 사업 강화 (버킷 A)	신규 영역 확대 (버킷 B)	기초/기반 기술 확보 (버킷 C)
과제 목적	• 현 주력 상품의 사업화 강화(성능 향상 및 비용 절감)	• 신규 영역 확대를 위한 기술 개발	• 새로운 지식 확보를 위한 기초/기반 연구 – 신규 시장 확대 – 기존 제품에 대한 혁신적인 개선
내 용	• 제품 연관 단기 기술 개발 과제 (Y, Y+1) • 기존 플랫폼을 활용하는 기술 – 성능 향상 및 비용 절감	• 제품 적용 시점이 장기(Y+2 이상)인 기술 • 새로운 플랫폼에 적용되는 기술	• 적용 제품 및 적용 시점이 불명확한 기초 연구 • 재료/물성 연구 등과 같은 기초 연구 및 신규 분야에 대한 가능성 연구
과제 우선순위 및 선정 기준	• 상품화 목표와의 연계	• 중장기적 관점의 기술전략과의 연계성 중심	• 기술 파급효과 • 지식 창출 기여도

표 3-1 C사의 전략적 버킷 구분 예시 (출처: 액센츄어, 2009)

전략 목표 설정은 일반적으로는 연 1회 주기로 수행하며, 차년도 사업 계획 수립과 동시에 진행하지만, 시장 환경의 변화 등 필요에 따라 변경이 가능하다. 물론 전체 포트폴리오에 대한 평가 및 조정은 전략 목표를 새로 수립하는 시점에서 다시 이루어져야 한다.

과제 평가와 우선순위 설정

과제 평가와 우선순위 설정에 앞서 미리 정의해야 할 것은 과제를 평가할 기준과 프로세스이다. 특히, 많은 기업이 간과하는 부분이 평가 프로세스인데, 기업 전략을 반영한 평가가 이루어지기 위해서는 다양한 평가 기준이 필요하며, 일반적으로 한 부서에서 평가를 모두 수행할 수 없다. 따라서 평가 기준의 수립 역시 한 부서에 국한된 활동이 아니며, 다양한 부서가 유기적으로 협업할 수 있도록 프로세스가 정립되어야 한다. 프로세스에 대한 설명은 평가 기준 정의에 대해 설명한 후에 상세히 다룬다.

과제 평가 기준을 정의할 때는 '평가 기준/항목'과 '평가 방법' 두 가지를 고려해야 한다. '평가 기준/항목'은 일반적으로 (1)전략과의 연계, (2)기대효과, (3)위험도, 이렇게 세 가지로 구분된다.

(1) 전략과의 연계strategic fit는 해당 과제가 회사 전략에 얼마나 잘 부합하는지를 평가하는 것인데, 과제의 목표와 사업 및 기술 전략과의 연계성, 기존에 회사가 보유한 R&D 역량과의 시너지 창출 여부 등을 기준으로 평가할 수 있다. 예를 들어, 회사가 전략적으로 추진 중인 신규 사업을 지원하기 위한 과제는 기존 사업을 지원하기 위한 과제보다 전략과의 연계 측면에서 상대적으로 높은 평가를 받을 수 있다.

(2) 기대효과value는 보통 NPV, ROI Return On Investment(투자 대비 수익률) 등의 정량적인 재무 성과에 기초하여 평가하지만, 필요에 따라서 고객 니즈 적합성, 시장 규모 및 성장성 등의 정성적인 측면도 평가 기준으로 적용한다.

(3) 위험도risk는 일반적으로 외부와 내부로 구분한다. 외부 위험도는 시장의 불안전성에 따른 제품/서비스의 성공 가능성을 평가하는 기준으로서 새로운 경쟁자의 진입 가능성, 시장의 성숙도, 고객 트렌드 등을 평가하여 산정한다. 내부 위험도는 제품/서비스를 설계 및 생산하는 회사 내부의 역량이나 기술의 난이도를 평가하여 산정한다.

그림 3-6은 평가 기준별 예시이다.

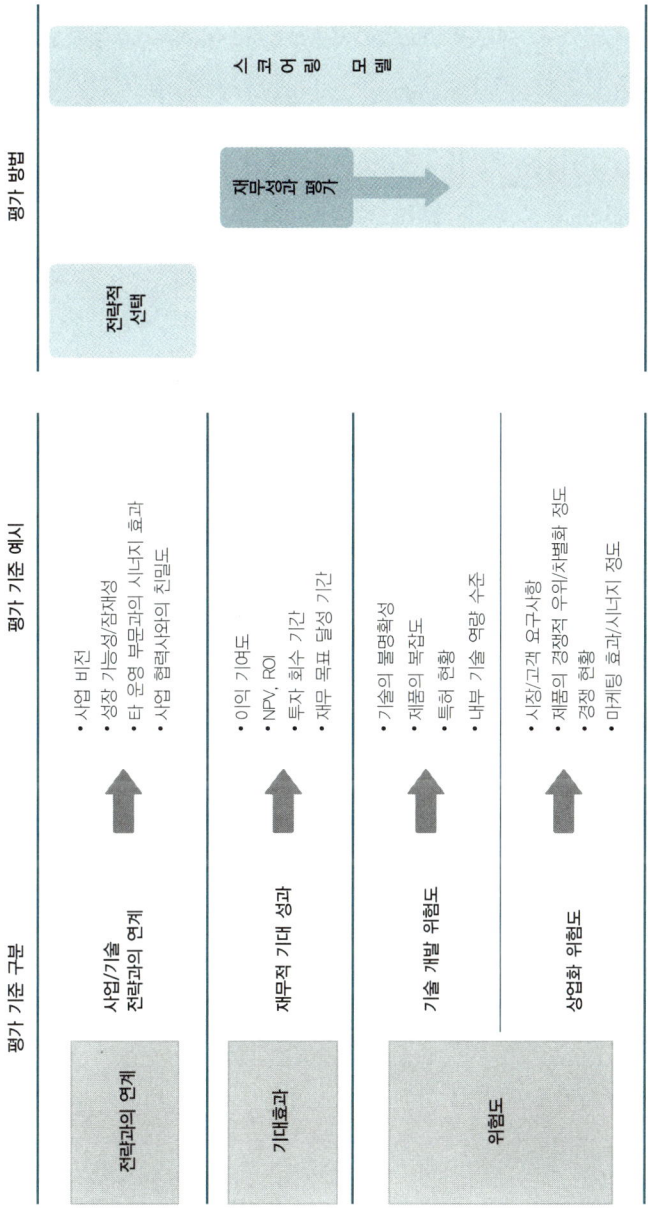

그림 3-6 포트폴리오 평가 기준 및 평가 방법 (출처: 엑센츄어, 2009)

3장 혁신 제품을 위한 R&D 포트폴리오 전략 85

많은 기업이 개발 과제의 평가 정확도 제고를 명목으로 세분화된 평가 기준을 수립하는데, 기준에 대한 평가 방법을 고려하여 신중하게 접근해야 한다. 일반적으로 가장 많이 활용하는 개발 과제 평가 방법 몇 가지를 소개한다.

스코어링 모델

가장 많이 활용하는 평가 방법 중 하나로 평가 항목에 대한 설문을 통해 점수를 매기는 방법이다. 스코어링 모델Scoring Model은 비교적 간단한 방법이라 범용적으로 사용할 수 있다는 장점이 있으며, 특히 정량적으로 산정할 수 없는 항목을 평가할 때 적합한 모델이다.

또한 많은 기업들은 스코어링 모델을 최종 종합 결과를 산정하는 방식으로 활용한다. 점수로 환산하기 용이할 뿐만 아니라 하나의 점수라는 기준을 통해 다른 과제들과 비교하기가 용이하기 때문이다. 표 3-2는 전략과의 연계, 기대 효과, 위험도를 모두 스코어로 환산하여 평가하는 스코어링 모델의 예시이다. 전략과의 연계, 기대효과, 위험도에 대해 평가할 수 있는 세부 평가 항목들을 정의하고 각 항목별 평가 점수를 산정할 수 있도록 구체적인 평가 기준을 제시한다.

스코어링 모델을 활용할 때 주의해야 할 점이 두 가지가 있다. 첫째는 항목별로 평가자를 명확히 정의하는 일이다. 평가의 객관성을 보장하기 위해 항목별 적임자를 선정하여 평가를 수행하게 해야 하며, 판정에 대한 시비를 줄이기 위해 평가자 선정 시 전사적 합의가 반드시 있어야 한다. 둘째는 각 스코어에 대한 정의 및 평가 기준이다. 평가 기준에는 전사의 전략이 반영되어야 하며, 가급적이면 구체적으로

		척도				
			1점	3점	4점	5점
전략과의 연계	기존	전략적 지위 제고	과제의 목표 자체가 구체적으로 정의되지 못함	과제의 목표는 구체적으로 정의 가능하나, 전사 전략에 부합한지 명확지 않음	기존 사업 영역에서의 지위 강화에 기여	전사 전략을 적절히 반영하여 기존/신규 사업영역에서의 우월한 지위 확보에 기여
		R&D 시너지 확대	기존 R&D 부문이 보유한 역량과의 대체 또는 중돌 발생	기존 R&D 부문 역량 유지	기존 R&D 부문 역량 강화에 기여	새로운 역량의 창출과 경쟁력 강화에 기여
		혁신 수준	기존에 제공하는 서비스 범위를 벗어나지 못함	기존 서비스와 부분적으로 차별화된 콘셉트	기존 서비스와 차별화된 콘셉트임이 분명함	기존과는 전혀 다른, 혁신적이며 새로운 콘셉트
기대 효과	매출 증대		매출 증대와 신규 시장 창출에 기여하지 못함	기존 시장 지배력 유지에 기여하는 수준임	매출 및 고객 확보 측면에서 일정 수준 기여	광범위한 새로운 서비스 창출로의 신규고객 유지 기능
	재무성과	NPV	10억 미만	10억 이상 100억 미만	100억 이상 300억 미만	300억 이상
		IRR	10% 미만	10% 이상 15% 미만	15% 이상 20% 미만	20% 이상
위험도		기술 경쟁력 확보	경쟁사도 이미 가지고 있거나 경쟁사 대비 큰 우위가 없음	경쟁사도 가지고 있으나 상대적으로 나은 기술 확보 가능	경쟁사는 가지고 있지 않지만 곧 추격이 가능한 기술 확보 가능	경쟁사가 가지고 있지 않고 쉽게 모방하기 어려운 기술 확보 가능
		시장 진입 여건	규제, 사회, 정치적으로 심각한 문제점이 발생할 수 있고 대안도 불확실함	규제, 사회, 정치적으로 예상되는 문제점이 있고 극복 방안이 불확실함	규제, 사회, 정치적으로 예상되는 문제점이 있으나 극복 가능함	규제, 사회, 정치적으로 예상되는 점은 없음
		고객 기대 수준 부합도	고객 니즈를 충족시켜줄 수 있을지 여부가 매우 불확실함	고객 니즈를 충족시킬 가능성과 그러지 못할 가능성이 거의 비슷함	고객 니즈를 충족시켜줄 가능성이 상당히 높음	고객 니즈를 확실하게 충족시켜 줄 수 있음
		기술 확보 난이도	해당 기술 개발에 필요한 지식/스킬이 전무함	해당 기술 개발에 필요한 지식/스킬이 일부 있음	해당 기술 개발에 필요한 지식/스킬이 상당 부분 있음	해당 기술 개발에 필요한 지식/스킬이 충분함

표 3-2 스코어링 모델의 평가 기준 예시 (출처: 엑센츄어, 2009)

정의하여 각 스코어가 명확히 구분될 수 있게 해야 한다. 정의된 평가 기준 또한 반드시 경영층의 승인과 함께 전사적 합의가 있어야 한다.

위에 언급된 사항이 준수되지 않는다면 평가 결과는 신뢰를 잃을 것이다.

종합적 가치 평가 모델

하나의 개발 과제가 제품화되어 시장에 출시되면 결과적으로 다양한 방면의 가치를 회사에 제공하게 된다. 일반적으로 가치를 산정할 때에는 주로 예상 매출액이나 이익 등 직접적인 재무 효과를 계산하는데, 종합적인 기대 효과를 산정하기에는 한계가 있다. 종합적 가치 평가 모델은 이와 같은 단점을 보완하기 위해서 사용하는 방법론이다.

종합적 가치 평가 모델Value Driver Model은 회사의 가치 창출 요소value driver가 무엇인지 정의하는 것에서부터 시작한다. 가치 창출 요소를 정의할 때에는 먼저 회사의 전략적 방향성과 일치하는 항목들을 도출해야 한다. 일반적으로 포괄적 요소부터 시작해서 상세 항목을 도출한다 (그림 3-7 참조).

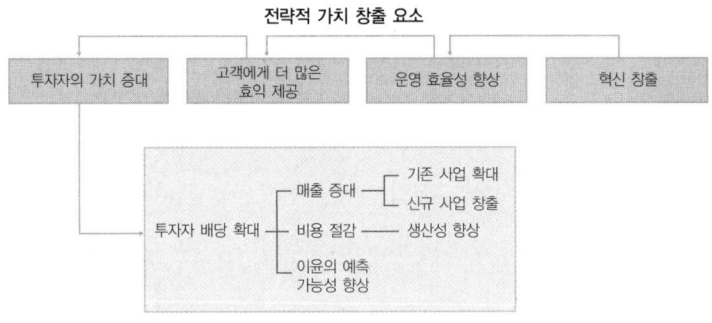

그림 3-7 가치 창출 요소 도출 예시 (출처: 액센츄어, 2009)

가치 창출 요소가 선정되면 제품 개발 과제들이 각 요소에 얼마나 기여하는지 정의하고 전체 가치의 합을 산정하는데, 이는 정량적 방법이나 정성적인 방법으로 가능하다.

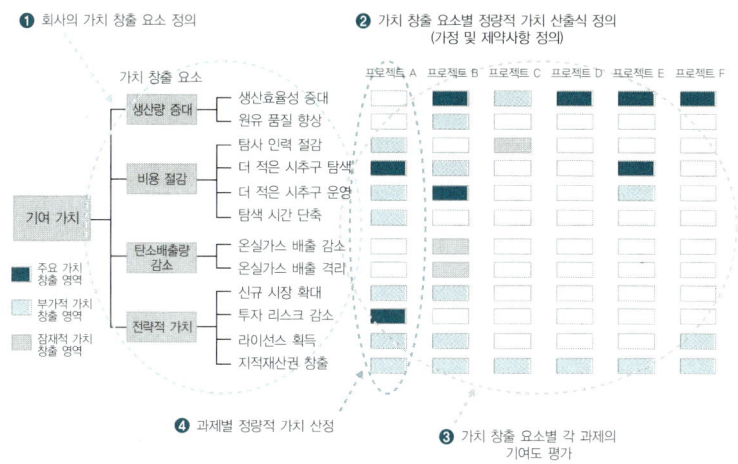

그림 3-8 종합적 가치 평가 모델을 통한 개발 과제 가치 산정 예시 (출처: 액센츄어, 2009)

그림 3-8은 글로벌 정유업체 D사의 기술 개발 프로젝트를 종합적 가치 평가 모델을 사용하여 평가한 결과이다. 정량적인 방법을 적용하기 위해서는 정의된 가치 창출 요소별 가치산정식을 정의해야 한다. 예를 들어, 특정 기술이나 제품이 '원가 절감'이라는 가치 창출 요소에 기여한다면, [특정 부품의 원가 절감률×해당 부품이 차지하는 원가 비중×제품의 총 원가×제품의 예상 판매량]과 같은 계산식으로 정량적 가치를 산정할 수 있다. 이러한 방식으로 각 가치 창출 요소가 창출하는 가치를 산정하여 총 가치를 계산해 낼 수 있다.

앞의 예시처럼 원가나 매출 등 금액이 포함된 산정식이라면 가치 산정이 수월할 수 있으나, '지식 축적'과 같이 측정하기 난해한 경우에는 가정assumption이 필요할 수도 있다. 이는 스코어링 모델과 마찬가지로 산정식에 대한 이해관계자들의 합의가 필요하다.

정성적 방법은 각 가치 창출 요소별 가치를 등급(상/중/하 등)이나 점수로 산정하는데, 앞서 언급한 스코어링 모델과 유사하다. 정량적 방법과 달리 각 가치 창출 요소에 기여하는 수준을 정의해야 하는데, 예를 들어 '시장 확대'라는 요소가 '원가 절감'이라는 요소보다 중요하다면 '시장 확대'의 가중치를 상대적으로 높이는 방법을 사용할 수 있다.

종합적 가치 평가 모델은 가치를 산정하는 논리적인 방법을 제공해 주지만, 정량적 방법의 경우 복잡한 계산이나 부정확한 예측으로 인해 산정된 가치의 정확성에 대한 논란이 발생할 수 있다. 반면에, 정성적인 방법은 스코어링 모델과 마찬가지로 스코어의 정의나 기준 설정에 주의를 기울여야 한다.

개발 전략에 따른 평가 차별화

평가 기준/항목이나 평가 방법을 정의할 때 추가로 고려해야 할 사항은 각 개발 과제의 성격에 따른 평가 차별화이다. 평가 차별화는 구분해놓은 전략 버킷에 기초하여 평가 항목 또는 가중치를 조절하는 방법과, 각 버킷별로 가장 합리적인 방안을 새롭게 구성하여 적용하는 방법을 고려해 볼 수 있다. 그림 3-9는 버킷별 평가 방안을 차별화한 경우이다. 버킷별로 적합한 평가 방법을 적용하기 위해 평가 항목의 가중치뿐만 아니라 평가 항목도 다르게 정의한 것을 알 수 있다.

버킷별 평가 방안	현재 사업 강화 (버킷 A)	신규 영역 확대 (버킷 B)	기초/기반 기술 확보 (버킷 C)
가치 구현 기간	단기		장기
개발의 시급성	높음		낮음
평가 방안	정량적 가치창출요소 순위		정성적 전략적 적관성

	버킷 A	버킷 B	버킷 C
전략과의 연계	◐ 스코어링 - 기술전략 연계성 - 제품 연관성	● 스코어링 - 기술전략 연계성	● 스코어링 - 기술전략 연계성
기대효과	● 1. 정량평가 2. 혼합평가 (정성+정량) 3. 스코어링	◐ 1. 정량평가 2. 정량평가 (실물옵션 평가 기법)	◐ 스코어링
위험도	◐ 스코어링 - 실행, 시장, 기술 위험도	◐ 스코어링 - 실행, 시장, 기술 위험도	◐ 스코어링 - 실행, 기술 위험도

*항목 기준별 가중치

● 매우 높음 ◐ 높음 ◐ 중간 ◐ 낮음 ○ 매우 낮음

그림 3-9 전략적 버킷에 따른 평가 방법 차별화 (출처: 액센츄어, 2009)

과제 선정과 포트폴리오 밸런스 분석/조정

개발 과제를 최종 확정하기 위해서는 두 단계를 더 거쳐야 하는데, 첫 번째는 포트폴리오의 상태 또는 균형을 점검하는 것이다. 포트폴리오 평가에 따라 종합적인 평가 점수가 높다 하더라도 위험도가 매우 큰 과제라면 재고해야 한다. 두 번째로는 기업 내부의 자원 제약을 고려하여 수행 가능한 범위 내에서 과제를 선정하는 것이다. 이 두 가지 프로세스는 순차적이기도 하지만, 반복적인 분석을 통해 의사결정을 해야 하는 성격을 지니고 있다.

포트폴리오 밸런스 분석/조정

포트폴리오 밸런스라는 것은 회사에서 정의한 전략을 달성할 수 있도록 과제들이 골고루 분포되어 있는 상태를 말한다. 일반적으로 밸런스를 검토하는 방법은 다양한 관점에서 과제들의 분포를 분석하는 것이며, 그래프나 차트가 많이 활용되고 있다. 그 중 흔히 활용하는 것이 바로 버블 차트bubble chart이다. 검토 기준으로 흔히 사업 전략과의 일관성/적합성, 전략적 기대 효과, 과제 성공 가능성, 시장 성공 가능성, 과제 완료까지 소요 비용, 과제 완료까지 소요 시간, 전략 버킷 구분에 따른 과제 유형 등의 속성들이 흔히 사용된다. 어떤 항목이든 버블 차트의 X축 또는 Y축에 위치할 수 있다.

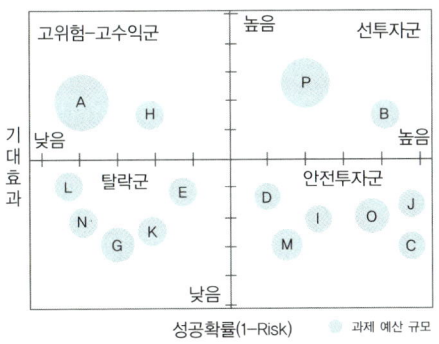

그림 3-10 포트폴리오 밸런스 분석/조정을 위한 버블차트 (출처: 액센츄어, 2009)

또한, 표 3-3과 같이 예산 및 인력 투입 측면에서 각 버킷별 목표 비중과 현재 수준을 비교하면서 포트폴리오 밸런스를 조정할 수 있다.

버킷	과제	목표 비중	현 수준	목표와의 차이
전략적 혁신 과제	• 과제 a • 과제 b • 과제 c	10%	20%	10%
중장기 기회 발굴	• 과제 d • 과제 e • 과제 f • 과제 g	30%	40%	10%
단기 실행 과제	• 과제 h • 과제 i • 과제 j • 과제 k	60%	40%	-20%

표 3-3 전략적 버킷별 목표 대비 실적 비교 (출처: 액센츄어, 2009)

인력 배분 최적화

포트폴리오 밸런스 분석을 통해 1차적으로 선정된 과제들은 필요 자원(수요) 대비 공급 가능 자원을 검토하게 되는데, 그림 3-11은 글로벌 E사에서 수행하고 있는 자원의 최적화 검토 과정이다. 1차적으로 선정된 과제들을 나열한 후, 필요 예산과 확보 예산 비교를 통해 과제를 선정한다. 확보 예산의 '커트라인'에 있는 과제들은 버퍼buffer로 분류되어 포트폴리오 밸런스 분석을 통해 최종적으로 수행 여부가 결정된다.

우선순위	과제명	추정예산	추정예산 누적액	
1	A. 상용화 기술 개발	220억	220억	⎫
2	B. 기반 기술 확보	150억	370억	⎬ 승인 과제
3	C. 서비스 비용 절감 기술 개발	200억	570억	
4	D. 서비스 개발	100억	670억	
5	E. 활성화 기술 개발	370억	**1,040억**	⎭
6	F. 차세대 플랫폼 개발	200억	1,240억	버퍼 과제 / 예산 한계
7	G. 글로벌 서비스개발	100억	1,340억	탈락 과제
8	H. 플랫폼 경쟁력 강화	100억	1,340억	

그림 3-11 자원 제한에 따른 개발 과제 선정 예시 (출처: 액센츄어, 2009)

그림 3-11의 예시와 같이, 포트폴리오 밸런스 분석은 수요 대비 공급 금액(예산) 검토 및 인적 자원의 검토에도 활용 가능하다.

이처럼 자원에 기초한 최적화는 과제를 선정하는 데 사용될 수도 있지만, 자원(인적)의 효율적인 분배를 위해서도 필요하다. 그림 3-12에서와 같이 1차적으로 선정된 과제들의 자원 수요 현황이 특정 시점에 집중되어 자원 활용 한계치를 넘어간다면, 과제 착수 시기를 뒤로 미루어(또는 우선순위가 떨어지는 과제를 취소하여) 자원의 활용이 최적화될 수 있도록 조정해야 한다.

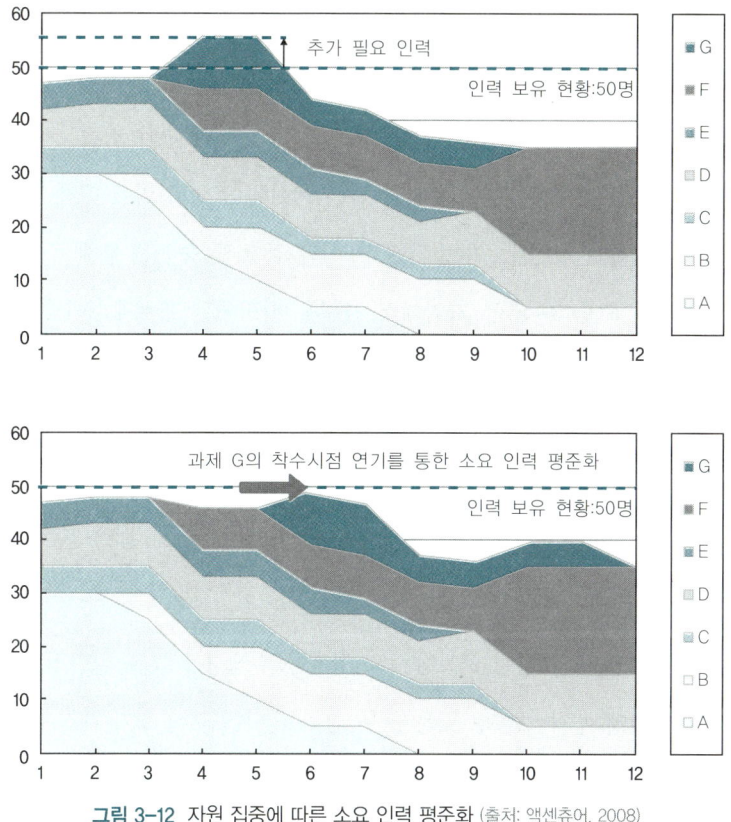

그림 3-12 자원 집중에 따른 소요 인력 평준화 (출처: 액센츄어, 2008)

위와 같이 자원 최적화를 위해서는 두 가지 전제 조건이 있다. (1) 자원 투입에 대한 가시성이 확보되어야 하고, (2) 과제 유형별 적정 소요 인력에 대한 기준이 정립되어 있어야 한다. 두 조건 모두 체계적인 관리가 어려우며, 국내 기업들이 고전하는 영역이기도 하다. (1)의 경우는 많은 기업들이 제품 개발 및 과제 정보를 관리하는 PLM^Product Lifecycle Management 시스템을 도입해서 관리를 시도하고 있다. PLM 시스템을 통해 정확한 투입 인력 정보가 축적되면 과제 난이도나 특성에 따른 적정 투입 인력의 산정이 가능하다. 이러한 데이터가 없는 경우 적정 소요 인력에 대해 고려해 볼 수 있는 대안은 각 과제의 전문성을 보유한 담당자(예: 프로젝트 리더)가 필요한 인력의 수와 스킬 수준을 제시해 주는 것이다. 이때 유의할 점은 제시된 소요 인력에 대해 객관성을 확보하는 것인데, 이는 관련 부서 간 검토 및 승인을 통해 조정이 가능하다. 그림 3-13은 기업에서 자원을 배정하는 프로세스이다. 프로젝트 매니저project manager가 자원의 수요를 제시하면, 별도의 프로젝트 관리 조직project management office이 이를 검토하고 시뮬레이션을 통해 적정성을 판단하게 된다.

평가 프로세스, 책임과 역할

앞서 언급한 바와 같이 포트폴리오 평가를 수행하는 것은 일반적으로 특정 부서에서 처리할 수 있는 업무 범위를 벗어난다. 평가 대상 범위가 광범위하다 보니, 예상 매출이나 이익은 마케팅부서나 상품기획부서, 기술적 효과나 위험은 개발부서 등 각 부서의 전공 분야를 중심으로 평가 수행 프로세스가 전개되어야 정확한 평가가 이루어질 수 있을 뿐만 아니라 공정성도 보장이 된다.

이를 해결하기 위한 가장 이상적인 방법은 포트폴리오 관리의 각 기능을 수행할 기능협업팀CFT, cross-functional team을 구성하는 것이다.

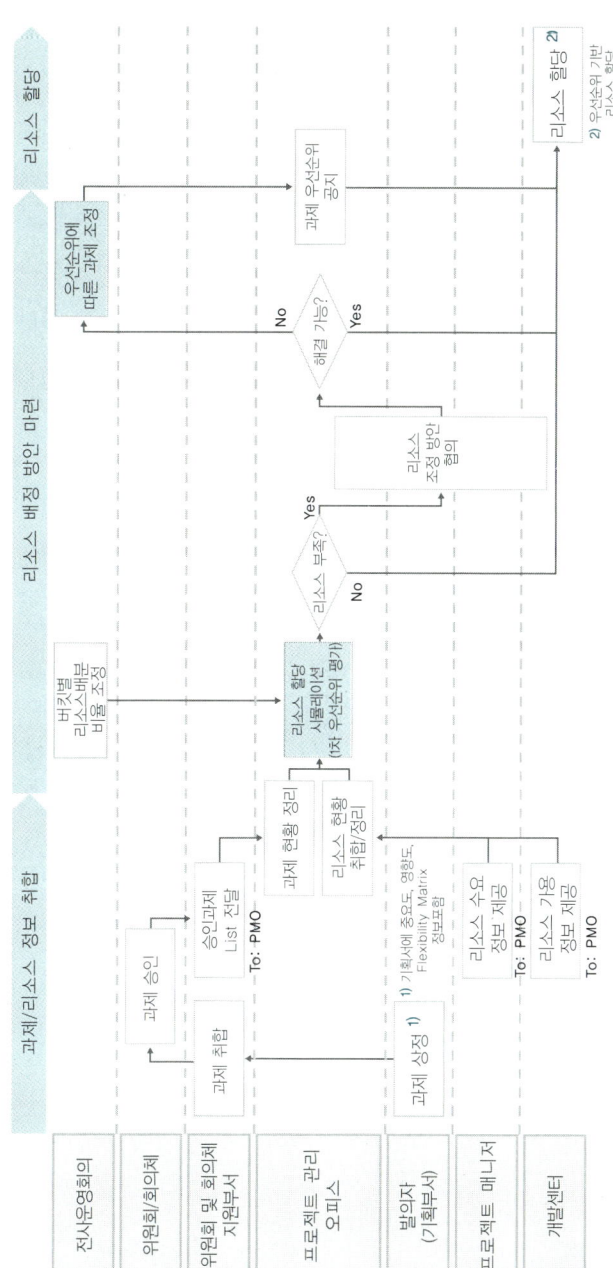

그림 3-13 인력 할당 프로세스 (출처: 엑센츄어, 2009)

3장 혁신 제품을 위한 R&D 포트폴리오 전략 97

포트폴리오 의사결정을 할 수 있는 최고 경영층의 포트폴리오 관리팀 portfolio management team, 포트폴리오 평가를 수행할 각 부서의 실무진으로 구성된 포트폴리오 분석팀portfolio analysis team이 대표적이다. 그러나 기능협업팀의 운영이 여러 가지 이유로 인해 적용이 쉽지 않으며, 특히 국내에서는 진정한 의미의 기능협업팀 체계를 운영하는 회사는 많지 않다. 그렇다고 해서 반드시 기능협업팀 형식으로 운영되어야 한다는 의미는 아니다. 중요한 점은 과제 평가 및 선정에 대한 의사결정을 수행하는 담당자들이 정해져 있고 이들이 역할을 부여받아 절차에 맞게 업무를 수행하는 정형화된 프로세스를 수립하는 것이다.

그림 3-14는 전체적인 포트폴리오 관리 프로세스에 대해 부서별 프로세스가 운영되는 예시이다. 포트폴리오 관리 운영뿐만 아니라 평가 기준의 수립에 관하여서도 부서별 역할을 정의했다. 전체적인 포트폴리오 관리의 주관 부서는 기획부서이며 평가, 균형 분석 및 과제 선정의 역할을 맡고 있다. 협업 부서인 마케팅, 상품기획, 영업 부서 및 과제의 리더는 포트폴리오 평가를 하기 위한 전문 분야별 의견을 제공하는 구조로 운영되고 있다.

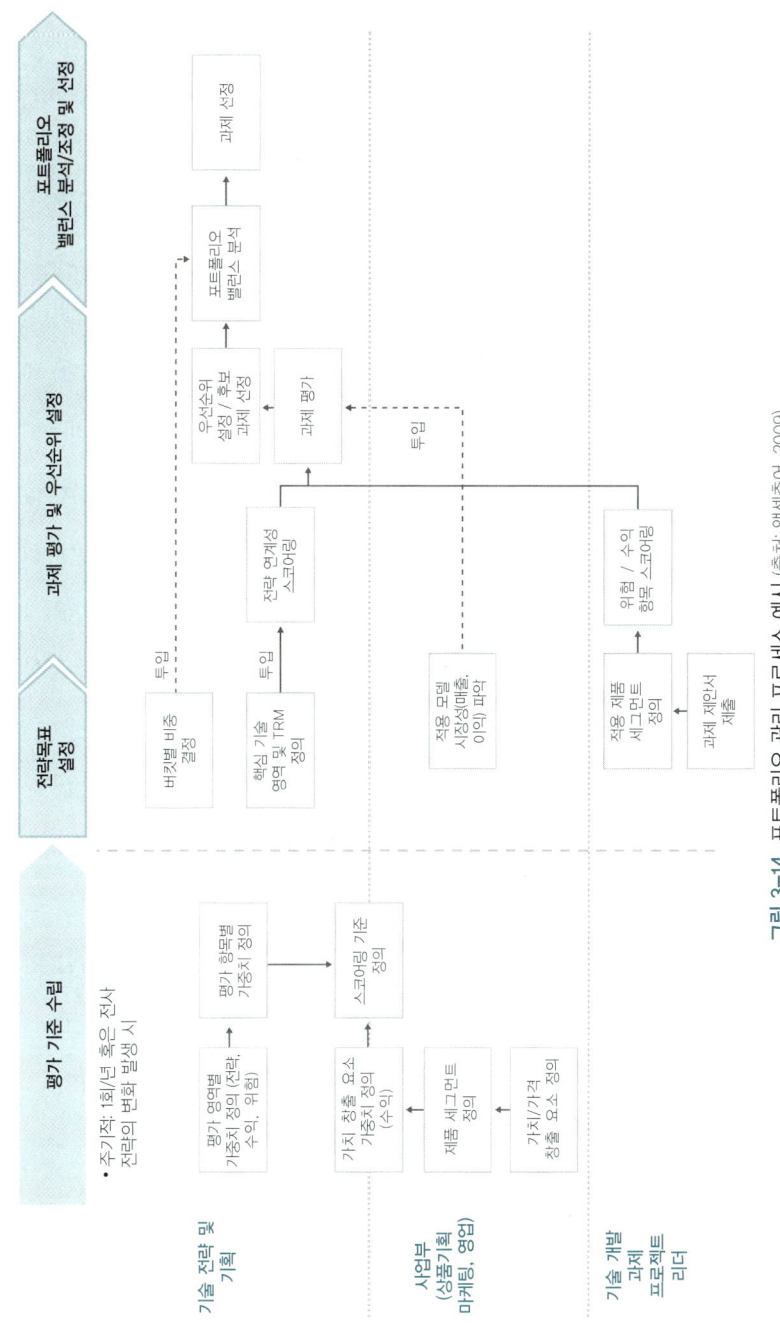

그림 3-14 포트폴리오 관리 프로세스 예시 (출처: 엑센츄어, 2009)

3장 혁신 제품을 위한 R&D 포트폴리오 전략 99

국내 기업에 대한 시사점

이상과 같이 혁신 제품 개발을 위한 R&D 전략 수립의 운영 원칙과 구체적인 운영 방안을 살펴보았다. 이를 기준으로 국내 기업들이 고려해야 할 핵심적인 성공 요소들은 다음과 같이 정리할 수 있다.

첫째, 단기 및 장기적인 관점의 균형적인 제품 개발 체계가 확립되어야 한다. 비디오 게임 시장에서 소니와 마이크로소프트가 기존 게임의 틀을 깨지 못하고 점진적 개선에 몰두하다 닌텐도에게 시장 1위를 내준 것처럼 장기적 비전이 없는 R&D는 결국 시장을 리드할 수 있는 혁신적인 제품 개발 기회를 놓치는 불상사를 낳을 수 있다. 따라서 기업의 전략 부합성, 기대 효과, 위험도 등 균형적인 포트폴리오 평가 기준에 맞추어 목표 제품 및 기술을 정의하고 이를 독립적으로 운영할 수 있는 담당 조직과 예산 운영이 필요하다.

둘째, 지속적인 포트폴리오 평가, 제품 개발에 반영하기 위한 전담 조직의 운영, 광범위한 기초 데이터 관리가 필요하다. 포트폴리오의 중요성이 국내에 소개된 지 20년이 지났지만, 올바른 적용이나 활용 사례는 많지 않다. 이는 초기 포트폴리오 평가를 위한 기준만을 만들어 놓고 실제 운영할 수 있는 오너십ownership을 가진 조직이 없거나, 평가를 위한 데이터의 수작업 집계에 따른 시간/업무 로드가 많아 정상적인 운영이 쉽지 않았기 때문이다. 특히 일정, 인력, 비용 등 프로젝트 단위의 정확한 계획과 실적 데이터를 관리할 수 있는 R&D 프로젝트 관리 체계는 성공적인 포트폴리오 운영의 전제조건이다.

셋째, 기업 내부의 리소스에 대한 제약을 고려하여 제품 개발이 이루어져야 한다. 포트폴리오 관리를 잘하는 기업들조차 내부 리소스(인력, 비용 등) 활용 현황, 즉 업무 로드에 대한 가시성 확보가 어려워 포트폴리오 운영 시 리소스에 대한 제약 사항을 제대로 반영하지 못하고 있다. 따라서 최적화된 포트폴리오 관리를 위해서는 리소스에 대한 관리가 선행 혹은 병행되어 이루어져야 한다.

> **글로벌 F사의 포트폴리오 관리: 스코어링 모델을 활용한 신속한 의사결정**
>
> 글로벌 F사의 경우, 미래 사업 준비를 위한 투자 우선순위 결정에 앞서 포트폴리오 관리 체계를 도입하였다. 투자에 대한 의사결정이라 신중을 기하는 것도 중요하지만, 신속한 의사결정이 가능한 체계를 최우선적으로 필요로 하여, 스코어링 모델을 중심으로 한 평가 체계를 구축하게 되었다.
>
> 스코어링 모델 설계 시 F사가 주요 요소로 고려한 기준은 (1) 사업 및 기술 전략과의 부합성strategic fit (2) 상업화 시 기대 가치 또는 기술 경쟁력 향상 효과value (3) 시장 진입 및 기술 개발의 위험도risk의 세 가지이며, 각 기준별로 표 3-4와 같은 상세 평가 항목을 도출하여 과제를 평가하였다.
>
> 비록 스코어링을 중심으로 한 평가 체계이더라도 기대 효과 산정 시에는 현재가치로 산정한 기대 이익NPV과 투자수익률IRR 을 사용하여 재무적인 성과를 측정하였다. 이 회사는 1~10점까지의 점수 척도를 사용하였는데, 정량적인 성과는 특정 금액 범위를 점수에 연계하는 방식을 택했다(예를 들면, x원 이상 ~ y원 미만은 5점).

평가 영역	평가 항목		설명
전략과의 연계	전략적 지위 제고		전사 전략과의 연계성 및 시장에서의 지위 강화에 기여하는 정도
	R&D 시너지 확대		R&D 부문의 경쟁력 유지와 역량 강화에 기여하는 정도
	혁신 수준		프로젝트 또는 예상되는 프로젝트 결과물 콘셉트의 독창성
기대효과	매출 증대		기존 시장 점유율 증대 또는 신규 시장 창출에의 기여도
	정량 재무 성과	NPV*	과제가 상업화되었을 때 예상되는 미래 수익의 순 현재가치
		IRR**	과제가 상업화되었을 때 예상되는 내부 수익율
	기술 경쟁력 확보		경쟁사 대비 차별화된 기술 경쟁력 확보에 기여하는 정도
	IPR*** 확보		과제를 통해 확보 예상되는 특허와 지적 재산권의 수준 및 양
위험도	시장 진입 여건		제도 및 환경 변화로 야기된 시장 진입 여건의 불안정
	시장 경쟁 강도		대상 기회 영역에서의 시장 경쟁 강도
	고객 기대 수준 부합도		시장에서 고객이 요구하는 서비스에의 부합 여부
	기술 확보 난이도		개발 또는 IP(Intellectual Property) 구매 등을 통해 과제 진행에 필요한 기술 요소를 확보할 때 예상되는 어려움

표 3-4 F사의 포트폴리오 평가 기준 예시 (출처: 액센츄어, 2009)

* Net Present Value
** Internal Rare of Return
*** Intellectual Property Right

각 항목의 스코어링 결과를 합산하여 최종적으로 과제별 점수가 산정되면, 점수순으로 과제들을 나열하고 가용한 자원(예산, 인력)에 따라 수행 과제를 1차적으로 선별하였다. 이 후, F사는 선별된 1차 선정 과제 대상으로 포트폴리오 밸런스를 검토하였는데, 기대 효과-위험도 차트 value-risk chart를 통해 과제 우선순위를 재조정하고 최종적으로 과제를 선정하였다(그림 3-15 참조).

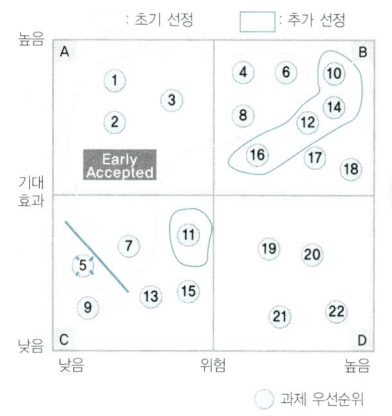

그림 3-15 2×2 매트릭스를 이용한 포트폴리오 밸런스 분석 (출처: 액센츄어, 2009)

F사는 스코어링 위주의 평가 체계를 활용함으로써 평가 단계도 단순화하였고, 회사 전체의 관계자가 이해하기 쉬운 체계를 구축하였다. 신속한 의사결정이 중요하고 불확실한 미래의 정량화를 통해 정확하지 않은 결과를 산출할 가능성을 배제할 수 없다면, F사의 경우처럼 스코어링 모델을 활용하는 것이 현명한 선택일 것이다.

4장
신기술 획득을 위한 R&D 전략

액센츄어 글로벌 서베이에 따르면, 고성과 기업은 공급업체나 기술 개발 파트너들을 신기술 정보 및 아이디어 입수, 핵심 기술 공동 개발, 기술 검증 등의 신제품 개발 프로세스에 적극적으로 참여시키면서 지속적으로 새로운 기술과 제품을 시장에 적기 출시하고 있다.

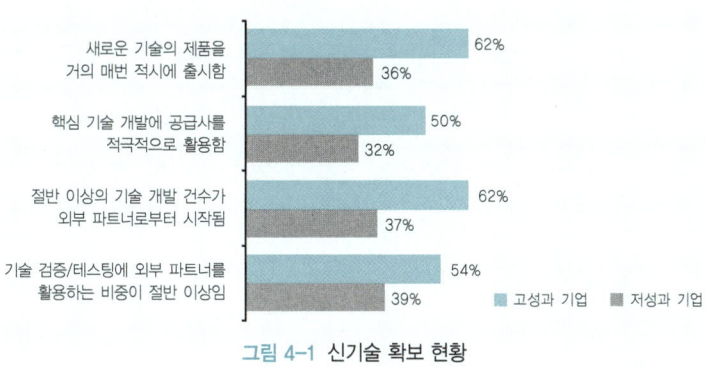

그림 4-1 신기술 확보 현황

패스트 팔로워를 넘어 이노베이션 리더로

국내 대형 IT 기업들의 활약과 관련하여 패스트 팔로워fast-follower라는 용어가 자주 사용된다. 국내 기업들이 특유의 높은 생산성과 강한 실행력을 바탕으로 발 빠르게 선진 기술을 도입하여 상용화하는 전략을 펼쳐 왔기 때문이다. 하지만, 최근 애플 등 혁신의 선두주자innovation-leader들이 패스트 팔로워로서는 따라가기 어려운 엄청난 성과를 거두면서 이노베이션 리더로 전환할 필요성이 점차 대두되고 있다.

그러나 생산이나 영업 위주의 단기적인 성과를 중시하던 국내 기업의 체질을 짧은 기간에 변화시키기란 쉽지 않다. 특히, 제품의 수명주기가 해마다 줄어들고 경쟁이 심화되고 있는 시장 환경에서 3~4년 이상의 장기 개발이 요구되는 기술에 대하여 투자를 결정하기란 현실적으로 쉽지만은 않은 일이다.

최근 애플과 구글의 행보에 IT 업체들의 관심이 쏠리고 있다. 전통적인 전자산업의 경쟁사로 인식되지 않았던 이들이 새로운 기술과 비즈니스 모델로 무장하고 시장을 뒤흔들고 있기 때문이다. 휴대전화라고는 만들어보지도 못했던 이들이 단기간 내에 시장을 장악할 수 있었던 배경에는 신기술 획득을 위한 시장 및 기술에 대한 장기간의 치밀하고 체계적인 조사와 분석, 핵심 기술 역량 강화 및 미흡한 역량의 외부 조달 전략이 있었다.

시장을 지배하고 지속적인 성장을 위한 이노베이션 리더가 되기 위해서 국내 기업들은 선두주자가 감수해야 하는 신기술 개발에 대한 높은 불확실성을 최소한으로 하고, R&D 투자의 효율성을 높일 수 있는 기술 획득 전략을 수립할 필요가 있다. 이 단원에서는 신기술 획득을 위한 방법론을 제시함으로써 기업에 필요한 기술을 신속하고 정확하게 파악하고, 해당 기술을 효과적으로 획득하는 데 도움을 주고자 한다.

신기술 획득 프레임워크

액센츄어는 신기술 획득을 위한 전략을 그림 4-2와 같이 네 단계로 구분하여 정의한다. 먼저, 폭넓고 지속적인 기술 정보의 조사와 수집을 위해 기술 스캐닝과 소싱을 위한 채널을 구축한다. 다음으로 채널을 통해 입수된 기술 정보에 대한 프로파일링과 기술 분류를 통해 전체 기술 정보를 하나의 통합된 구조로 관리할 수 있는 기술 트리를 구성한다. 기술 트리 구성 과정을 거쳐 구체화된 대상 기술을 효과적으로 획득하기 위해 기술 평가를 수행하고 우선순위를 설정한다. 마지막으로 기술 성격에 맞는 획득 방안을 수립함으로써 신기술 획득에 대한 전략이 완성된다.

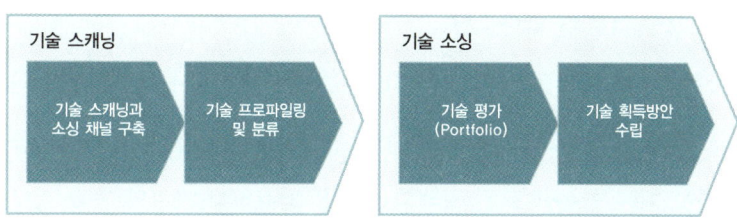

그림 4-2 신기술 획득 프레임워크 (출처: 액센츄어, 2009)

기술 스캐닝과 소싱 채널 구축

시장의 니즈와 트렌드에 대한 정보를 수집하고 분석하여 기술적 니즈를 도출하는 기술 스캐닝 활동은 일반적으로 기술전략이나 기술정보 등의 부서에서 수행한다. 하지만 많은 경우 정형화된 역할이나 체계적인 절차 없이 필요한 시점에 일시적으로 수행되어 수집되는 정보의 범위가 좁은 경우가 많다. 미래 시장을 준비하고 혁신을 주도하기 위해서는 아직 시장에 알려지지 않은 정보까지 폭넓게 획득하고 지속적으로 업데이트 해나갈 수 있는 능력이 필요하며 이를 위해서는 다양한 정보 채널의 발굴과 체계적인 관리가 무엇보다 중요하다.

채널을 발굴함에 있어 기술 획득 가능성을 높이기 위해서는 외부 정보를 최대한 활용해야 한다. 이는 외부 기술 정보를 단순히 구매하는 수준을 넘어 외부 기술을 자사 개발 활동에 적극적으로 연계하는 총체적 활동을 의미한다. 내부 지적 자산과 외부 지적 자산을 연결한 P&G의 개방형 기술 혁신 체제가 좋은 예이다. P&G는 2004년 프링글스에 그림을 집어넣는 데 필요한 기술을 글로벌 네트워크를 통해 공모하여 이탈리아 볼로냐의 작은 빵집에서 쓰는 식용잉크와 프린팅 기술을 획득한 후 프링글스 '라벨 프린트' 기술을 개발하여 두 자릿수의 매출 성장을 이룬 바 있다.

또한 정보 채널은 사외 연구기관의 자료 구매부터 대학 내 자사 연구소 설립, 기술 포럼 추진 등 다양한 방식이 존재한다. 따라서 채널을 발굴할 때는 가능한 모든 형태의 채널을 검토하고 자사의 기술 정보 수집에 적합한 형태의 채널을 정의하여 정보 입수의 양과 질을 극대화할 수 있게 해야 한다.

채널 정의와 더불어 채널 발굴과 관리가 체계적으로 수행될 수 있도록 채널 형성 프로세스를 구축하여야 한다. 채널 형성 프로세스는 일반적으로 기술 스캐닝팀, 글로벌 R&D 센터, 해외 자회사 등이 잠재 채널을 파악하여 본사 R&D 센터로 제안서를 송부하고, 본사 관리팀에서 해당 채널에 접촉하여 채널 형성에 필요한 계약을 체결하는 방식으로 진행된다. 채널 제안 양식 등을 표준화하여 제안의 구체성을 높이는 작업도 채널 형성 프로세스 구축 시 함께 수행되어야 한다.

채널 형태	설명
정보구매	기술 시장에서 구입할 수 있는 정보 활용 • 사외 연구 기관 자료 구매 • 사외 기술 전문 인력 활용 • 각 지역 대학 및 연구 전문업체 지원을 통한 정보 획득 • 글로벌 벤더와의 파트너십 형성
자본투자	기술 선도 업체의 지분 획득 • 글로벌 벤처 펀드 운영 • 유망 벤처 기업의 지분 획득 • 공동 투자자와의 자본 제휴
공동개발	관련 사업체(조직) 및 경쟁 업체와 공동 기술 개발 • 기술 표준화 관련 조직이나 관련 사업체와 컨소시엄 및 기술 파트너십 형성 • 대학 내 자사 연구소 설립 • 파트너와의 공동 투자로 합작회사 설립
기술네트워크	이해, 문화, 관심 등을 공유하는 공동 사회 교류 • 글로벌 지식 네트워크 참여 • 기술 포럼 추진 • 사내 정보 조직 활용
외부인력	자사 연구원 지원을 목적으로 외부의 기술 보유자와 계약 • 자사의 글로벌 연구센터 설립을 통한 지역 단위의 연구인력 확보

표 4-1 스캐닝과 소싱 채널 정의 예시
(출처: "Innovation Sourcing Strategy Matters", Jane C Lindar, Sirkka Jarvenpaa, 액센츄어, 2009)

기술 프로파일링과 분류

다양한 채널을 통해 입수된 기술 정보에 대해 프로파일을 작성하여 내부 공유가 효과적으로 이루어질 수 있게 한다. 기술 프로파일에는 기술명, 기술 정의, 기술 성숙도, 기술 응용도, 응용 가능한 사업 영역, 예상 기술 획득 비용, 기술 획득을 통한 경쟁 우위 분석 등 기술가치를 평가하는 데 필요한 주요 정보들이 빠짐없이 기술되어야 한다. 기술의 진화와 사업 환경 변화에 따라 기술 프로파일에 대한 정기적인 업데이트도 이루어져야 한다.

기술 정보는 요소 기술 단위나 제품 단위처럼 그 단위가 상이할 수 있고 기술 정보 간에 서로 중복된 내용이 있을 수도 있기 때문에 기술을 분해하고 분류하여 전체 기술 정보를 중복이 없는 하나의 통합된 분류 체계로 정리할 필요가 있다. 이렇게 작성된 분류 체계를 기술 트리 Technology Tree라 하며, 기술 트리는 기업마다 다양한 형태로 작성될 수 있지만 트리 구성에 있어서 공통적으로 적용되는 세 가지 주요 고려사항이 있다.

먼저, 기술 트리는 전사의 기술을 모두 포함할 수 있는 MECE Mutually Exclusive and Collectively Exhaustive한 구조를 지녀야 한다. 즉, 기술의 분류 형태는 제품군 단위, 요소 기술 단위, 설계, 시험, 생산의 제품 개발 프로세스 단위 등으로 다양하게 정의할 수 있지만 어떤 분류로 정의하든 중요한 것은 모든 기술을 MECE하게 담을 수 있는 분류 구조를 만드는 것이다. 두 번째는 기술 트리에 표현될 기술의 세분화 정도로, 세분화 정도가 너무 낮으면 기술 간 구분이 어렵고 너무 높으면 기술 트리가 복잡해져 관리가 어려울 수 있다. 일반적으로 권장되는 세분화 정도는 기술 트리의 목적에 맞게 기술이 명확히 구분되고 기술별로 독립적인 평가가 가능한 수준까지이다. 세 번째는 기술이 중복되지 않도록 하는 것이다. 기술을 세분화하고 분류할 때 기술 정의가 명확하지 않고 분류가 MECE하지 못하다면 중복이 발생될 소지가 높다. 기술이 중복되면 평가 시 중복 기술에 대해 우선순위를 정하기가 어렵고, 나아가 중복된 기술 개발로 자원 낭비가 발생할 수 있다. 따라서 트리 구성 시 기술 중복을 최소화하기 위해 노력해야 한다.

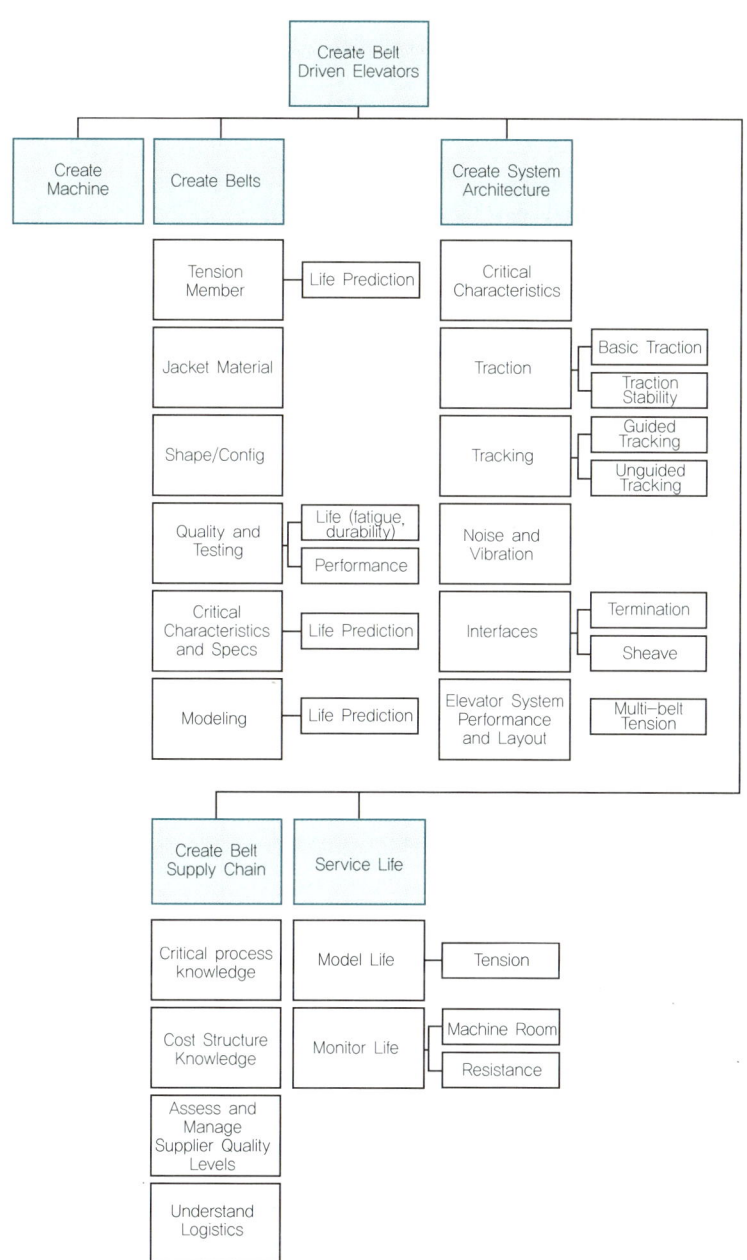

그림 4-3 기술 트리 예시: 엘리베이터 구동 시스템 (출처: 액센츄어, 2009)

기술 평가

기술 스캐닝을 통해 입수된 기술 정보는 기술 프로파일링과 분류 과정을 거친 후, 기술의 중요도를 평가하는 과정을 거친다. 제한된 리소스로 기술 트리의 모든 기술을 동시에 확보하기는 어렵기 때문에 기술 평가를 통해 대상 기술의 우선순위를 정하여 순위가 높은 기술부터 순차적으로 확보하는 전략을 수립한다. 일반적인 기술 평가는 기술의 영향도와 경쟁력 매트릭스에 기반한 정성적 방법(기술 포트폴리오 평가)과 평가 항목에 대한 설문을 통해 점수를 매기는 정량적 방법(스코어링 평가)이 있다. 스코어링 모델은 앞서 논의된 개발 과제 평가 방식과 크게 다르지 않기 때문에, 이 절에서는 기술 영향도와 경쟁력 매트릭스에 기반한 기술 포트폴리오 평가 방식을 중점적으로 다룬다.

기술 영향도competitive impact는 기술의 성숙 정도를 의미하며 기술의 차별화 정도에 따라 근간base, 핵심key, 전개pacing, 태동emerging으로 분류된다(표 4-2 참조). 근간 기술은 시장에서 이미 보편화된 기술로 해당 기술을 확보하여도 차별화된 경쟁력을 가질 수는 없지만 사업 수행을 위해서는 기본적으로 갖춰야 하는 기술이다. 핵심 기술은 차별화된 경쟁력을 부여하는 기술이자 현재 사업 수행을 위해 가장 필요한 기술을 의미한다. 전개 기술은 가까운 미래에 핵심 기술이 될 가능성이 높은 기술로서 경쟁업체에서 연구되는 경우 잠재적 위험이 될 수 있다. 태동 기술은 초기 연구 단계에 있는 기술로서 아직 시장에서 상업적 수준까지 논의되고 있지는 않지만 기술 자체로는 잠재력이 높은 기술을 의미한다. 기술 평가에 있어 기술 영향도가 중요한 이유는 기술 성숙도와 기업의 기술 전략에 따라 해당 기술에 대한 우선순위가 달라지기 때문이다. 예를 들어, 이노베이션 리더가 되기 위한 기업의 경우는 태동과 전개 기술에 우선순위를 주는 반면, 패스트 팔로워 전략을 가진 기업은 전개와 핵심 기술에 우선순위를 줄 것이다.

기술 영향도	정의	영향을 미치는 시기
태동 (emerging)	• 초기 연구 단계이거나, 타 산업영역에서 언급되고 있음 • 차별화 요소가 구체적이지 않으나, 잠재력이 있음	미래(중/장기)
전개 (pacing)	• 경쟁 업체에서 연구 중에 있음 • 차별화 요소가 경쟁 우위를 확보할 가능성이 큼	미래(단기)
핵심 (key)	• 제품이나 프로세스에 안정적으로 구현되어 있음 • 차별화 요소가 명확함	현재
근간 (base)	• 사업에 반드시 필요한 요소 • 경쟁사에서도 활용 중임 • 차별화 효과 미미함	과거

표 4-2 기술 영향도 (출처: 액센츄어, 2009)

기술 경쟁력competitive position은 기술에 대한 기업의 역량 수준을 의미하며 일반적으로 Strong과 Weak로 표현된다(그림 4-4 참조). 해당 기술을 필요한 시점에 구현할 능력이 있고, 경쟁사와 비교하여 기술적 경쟁 우위에 있으며, 해당 기술 구현을 위한 적정한 자원을 가지고 있다면 기술 역량이 강하다고 말할 수 있는 반면, 해당 기술 구현이 어려워 단기적 문제 해결에 급급하고, 경쟁사 대비 기술적 열세에 있으며, 기술 구현을 위한 필요한 자원 배정이 어렵다면 기술 역량이 약하다고 볼 수 있다.

기술 포트폴리오 평가는 이러한 기술 영향도와 기술 경쟁력을 매트릭스 형태로 표현하고 확보할 기술들을 매핑하여 기술 간의 상대적 중요도를 평가하는 방식이다. 기술 포트폴리오는 7가지 영역으로 구분될 수 있으며, 각 영역별로 기술 획득에 대한 방향과 전략이 제시된다. 산업 평균 기술을 기준으로 Weak 쪽으로 치우친 기술 영역은 위험 요소로서 인식되고, Strong 쪽으로 치우친 기술 영역은 경쟁 우위 확보 기회로 인식된다. 다만, Strong 쪽으로 치우친 기술이라도 근간 기술 영역인 경우, 기술 확보를 위해 과도한 자원을 소비하고 있지는 않은지 검토해야 한다. 영역별 기술 특성에 따라 차별화된 기술 확보 전략을 구사하는데, 예를 들어, Weak에 포함된 기술의 경우 기술 역량을 가급적 외부에서 도입하는 방향을 고려하고, Strong에 포함된 기술인 경우 자체 개발을 통해 해당 기술을 확보하는 전략을 구사한다.

기술 영향도	기술 경쟁력		
	Weak ⟷		⟶ Strong
태동 (emerging)	미래에 대한 경고		미래 경쟁 우위 확보 기회
전개 (pacing)	현재에 대한 경고	산업 평균	현재 경쟁 우위 확보 기회
핵심 (key)	생존에 대한 경고		자원 낭비에 대한 경고
근간 (base)			

그림 4-4 기술 영향도: 경쟁력 매트릭스 (출처: 액센츄어, 2009)

하지만, 기술 획득에 대한 방향성은 기술 포트폴리오 평가 결과와 달리 기업의 사업 전략 또는 해당 기술의 성격에 따라 다르게 전개될 수 있다. 예를 들어, 기술 경쟁력과 기술 성숙도가 낮은 영역에 속한 기술은 우선순위가 낮겠지만 해당 기술이 현재 준비 중인 신규 사업 진출에 꼭 필요한 기술이라면 높은 우선순위를 가지게 될 것이다.

사업 전략을 고려한 기술 우선순위 선정을 위해 사업 포트폴리오와 기술 포트폴리오를 비교, 분석하는 프레임워크를 구축할 필요가 있다. 그림 4-5처럼 세로축에 사업의 매력도, 가로축에 자사의 경쟁 위치를 나타낸 사업 포트폴리오와, 세로축에 기술의 중요성, 가로축에 기술적 위치를 나타낸 기술 포트폴리오를 비교하여 위치상에서 관계 간의 차이로부터 투자의 필요성을 분석하는 방법이다.

사업과 기술을 비교하는 포트폴리오 분석 방법에 따라 기업은 비즈니스와 기술 영역 간의 적합성을 파악하고, 기술에 대한 투자 우선순위의 근거를 얻을 수 있다. 예를 들어 비즈니스적으로는 매력적인 산업 내에서 우월한 위치에 있지만 기술 포트폴리오 상에서는 사업을 지탱하는 경쟁 우위와 관련된 중요한 기술이 상대적으로 열등한 위치에 있을 수도 있다. 이와 같은 경우, 기업은 해당 기술 개발과 관련된 투자를 늘릴 필요가 있다는 결론에 도달할 수 있다.

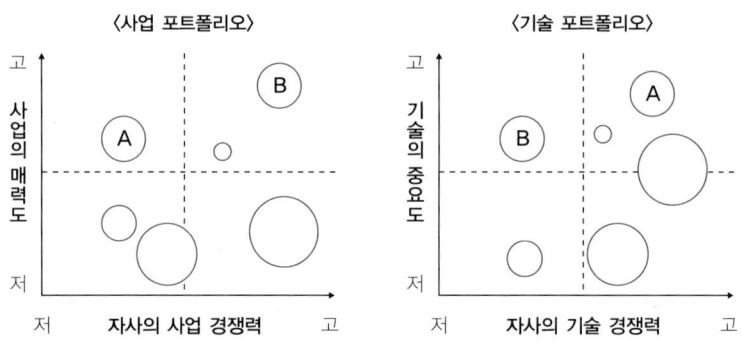

그림 4-5 사업 포트폴리오와 기술 포트폴리오의 비교
(출처: 기술경영, 후지스에 켄조, 2009)

기술 획득 방안 수립

기술 획득 방안은 보통 'Make'와 'Buy'로 구분이 된다. Make는 기업 내의 자원을 활용하거나 외부와 협력하여 기술을 개발하는 방식으로 인하우스In-house 개발, 파트너를 통한 개발, 조인트벤처 설립을 통한 개발이 있다. 인하우스 개발은 순수 자체 인력만으로 개발을 수행하는 것으로 기술 내재화가 용이한 반면 개발 기간이 길고 내부 리소스가 많이 소요되는 단점이 있다. 파트너를 통한 개발은 주로 내부 리소스의 효율적 활용을 위해 비교적 중요도가 낮은 기술을 외부에 의뢰하는 경우이다. 조인트벤처 설립을 통한 개발은 개발 비용이 너무 커 리스크를 줄일 필요가 있거나 생산기술은 있으나 원천기술이 없는 등의 자사의 부족한 역량을 보완하기 위해 추진되는 경우가 많다.

Buy는 외부의 요소 기술이나 기술 자산을 구매하여 내부 자산화 하는 방식으로 M&A, 아웃소싱, 요소 기술 구매와 같은 방법이 있다. M&A의 경우는 기술은 물론 시장까지도 단기간에 획득할 수 있는 장점이 있지만 기업문화 통합에 많은 시간이 소요되는 단점이 있다. 대학이나 기타 연구 기관에 기술 개발을 의뢰하는 아웃소싱 방식은 비용이 적게 드는 반면, 개발 기간이 많이 소요되고 개발 과정에 대한 통제가 어려운 문제점이 있다. 요소 기술을 직접 구매하는 방식은 기술을 쉽게 확보할 수 있다는 장점이 있는 반면, 해당 기술에 대한 원천 지식은 보유하지 못해 구매한 기술을 자사의 기술 역량으로 내재화하기에는 어려움이 있다. 이상과 같이 각각의 개발 방식은 명확히 구분되는 장단점이 있기 때문에 획득하고자 하는 기술의 난이도, 내부 역량 수준, 기술 내재화 용이성 및 전략적 중요성 등을 고려하여 적절한 기술 획득 전략을 수립하는 것이 중요하다(표 4-3 참조).

획득 방안		특징
Make	인하우스	• 통합이 용이함 • 내부 경쟁력을 높일 수 있음 • 가치 창출에 시간이 걸림
	파트너	• 유연하고 빠르게 대처할 수 있음 • 리스크와 투자 금액을 줄일 수 있음 • 관계 취소가 손쉬움 • 관계 유지가 어려움
	조인트 벤처	• 리스크와 자산을 나누어 가짐 • 이해관계로 인한 갈등이 발생할 수 있음
Buy	M&A	• 확실한 자산확보 방안의 하나임 • 새로운 아이디어의 통합을 통한 혁신이 가능함 • 기업 문화 통합이 어려움
	아웃소싱	• 비용 대비 효율적인 개발이 가능함 • 가치 창출에 시간이 걸림
	요소기술 구매	• 확보가 상대적으로 용이함 • 내재화 정도가 낮음

표 4-3 기술 획득 방안 (출처: 액센츄어, 2009)

앞서 기술 영향도와 경쟁력 매트릭스에서 언급된 바와 같이 기술 포트폴리오 7대 영역별로 기술 획득에 대한 전략이 필요하다. 일반적으로 기술 경쟁력이 우세하고 미성숙된 기술(통상 전략적 중요도가 높음)일수록 자체 개발을 통해 경쟁 우위를 선점하는 전략을 구사하고, 경쟁력이 떨어지고 근간 기술일수록 외부 기술을 통해 기술을 획득하는 방식을 선택한다. 하지만, 이러한 기준은 어디까지나 일반적인 지침일 뿐이며 기업의 현황을 반영하는 데는 한계가 있다. 기술 획득에 대한 정확한 방안 수립을 위해서는 자체 개발에 드는 비용과 외부 구매에 드는 비용을 비교하고, 내부 기술 역량이 자체 개발에 적절한지를 종합적으로 검토해 보아야 한다. 또한 외부에 기술을 소싱할 수 있는 곳이 있는지 등 다양한 정량적, 정성적 요소들을 고려해야 한다. 외부 소싱 전략 및 파트너 선정에 대해서는 5장에서 상세히 다룬다.

기술 영향도	기술 경쟁력 Weak ⟷ Strong		
태동 (emerging)	내부 개발을 중단하고, 외부에서 Buy 고려	외부(시장, 경쟁사) 상황 예의 주시 필요. 선택적으로 개발 수행	자체 역량을 통한 개발 가속화
전개 (pacing)	위기 상황, 내부 개발에 집중 또는 외부에서 Buy 고려		
핵심 (key)	외부(시장, 경쟁사) 상황 예의 주시 필요, 필요 시 Buy 또는 아웃소싱 고려	현상 유지	
근간 (base)			개발의 포커스를 줄임

그림 4-6 기술 포트폴리오 영역별 기술 획득의 방향성 (출처: 액센츄어, 2009)

지적자산 관리

이 절에서는 지적자산이 기업에 있어 어떤 의미를 가지는지를 가치계층 피라미드 개념을 통해 조명해 보고자 한다. 또한 기술 획득이 기업에 미치는 영향을 이해하고 지금까지 논의되었던 신기술 획득 전략의 의미를 살펴본다. 그리고 앞서 논의된 기술 포트폴리오를 통해 지적자산 가치를 산정하는 방법을 제시하여 기술의 가치에 대한 이해를 돕고자 한다.

가치계층 피라미드

줄리 데이비스Julie. L. Davis와 수전 해리슨Suzanne S. Harrison은 다양한 지적자산 관리 유형을 분석하여 지적자산의 가치계층 피라미드라는 개념을 정의하였다. 가치계층 피라미드는 방어defense, 비용 제어cost control, 수익 중심profit center, 통합integration, 비전vision의 5단계 수준으로 구성되며 피라미드 구조가 의미하듯이 하위 수준이 충족되지 않고는 상위 수준에 다다를 수 없는 특성을 가지고 있다(그림 4-7 참조).

첫 단계인 방어는 지적자산으로 사업을 지키는 수준으로 지적자산의 기능은 소송으로부터 기업을 보호하는 방패막이로서의 의미를 가진다. 두 번째 단계인 비용 제어는 지적자산의 관리 비용을 줄이려는 노력이 이루어지는 단계로 지적자산의 취득이나 유지에 대한 비용을 어떻게 효율화할지에 관심을 가지게 된다. 세 번째 수익 중심은 지적자산을 적극적으로 활용하여 수익을 늘리는 방법을 체득하는 단계이다. 네 번째 단계인 통합 수준이 되면 지적자산은 단순히 기업의 자산으로 머무르지 않고 기업의 문화, 일상의 업무와 경영 전략에 스며들어 기업의 체질을 변화시키는 수준에 이르게 된다. 마지막으로 최상위 단계인 비전은 지적자산으로 미래를 만드는 수준으로 외부 경영 환경을 관망하면서 미래를 준비할 수 있는 기업이 됨을 의미한다. 더불어 기업 내에 깊이 뿌리내린 지적자산과 문화로 인해 지속적으로 왕성한 지적자산 개발이 이루어져 자연스럽게 리더의 위치에 이르게 되는 단계이다. 이상의 가치계층 피라미드가 의미하는 바는 지적자산의 수준이 곧 기업 경쟁력이므로 자사와 경쟁사의 수준을 파악하고 자사의 수준을 지속적으로 높여 나가야 한다는 것이다. 앞서 논의된 신기술 획득 전략 또한 자사의 지적자산 가치계층 향상을 염두에 두고 추진되어야 한다.

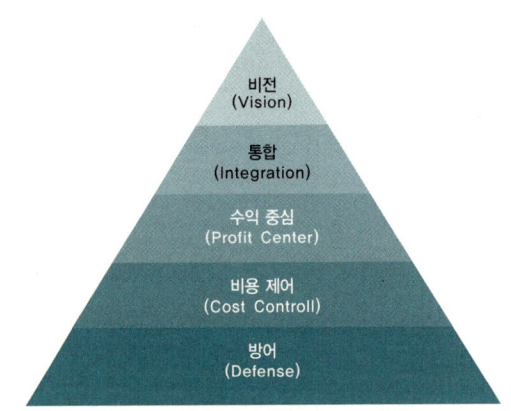

그림 4-7 지적자산의 가치계층 피라미드
(출처: How Leading Companies Realize Value from Their Intellectual Assets, Julie, L. Davis & Suzanne S. Harrison)

지적자산 가치 산정

기술의 가치 평가 방법은 비용 접근법, 시장 접근법, 수익 접근법으로 분류할 수 있다. 비용 접근법은 기술 창출에 소용된 비용을 기준으로 가치를 측정하는 방법이며, 시장 접근법은 과거의 유사 기술 사례와 비교하여 해당 기술의 지적자산 가치를 추정하는 방법이다. 수익 접근법은 해당 지적자산이 사업에 활용되고 거기에서 생겨나는 경제적 이익을 예측하여 가치를 산정한 방법이다. 일반적으로 수익 접근법을 이용하여 가치 산정을 하는데 그 이유는 지적자산의 가치는 그것을 수용하는 쪽이 자산을 어떻게 활용하고 얼마나 수익을 증가시키는가에 따라 크게 달라지기 때문이다.

국내 기업에 대한 시사점

급변하는 시장 환경에서 혁신적인 기술 리더십을 확보한다는 것은 결코 쉬운 일이 아니다. 기술 개발에 3~4년 이상씩 소요되는 반면, 시장에서의 제품 수면주기는 급속히 줄어들고 있다. 그만큼 새로운 기술을 확보하기 위한 경쟁이 치열해지고 있다. 이 장에서는 신기술 확보를 위한 R&D 전략과 방안을 살펴보았다. 여기서 신기술 확보를 위한 R&D 전략이 국내 기업에게 주는 시사점을 간단히 정리해 보자.

첫째, 시장 환경에 유연하게 대응할 수 있는 체계를 갖추어야 한다. 기업 혼자서 급변하는 트렌드에 맞는 기술력을 확보하는 것은 현실적으로 불가능할 뿐만 아니라 무모한 노력이 될 가능성이 크다. 기업들은 핵심이 될 만한 기술을 선택하고, 그 외의 기술은 외부에서 확보하

방법	설명	장점	단점
비용 접근법 (Cost Approach)	• R&D에 투입된 비용을 기초로 기술 가치를 판단 • 상품화까지 추가 R&D가 필요한 초기 단계 기술이나 아직 시장이 형성되지 않은 기술 평가 시 활용	• 기술가치 산출을 위한 투입비용 도출 • 측정이 비교적 쉽고 간편	• 담보 시 주관심사는 투입비용이 아닌 향후 기대 수익에 의한 변제 가능성 • R&D 비용과 실제 가치가 상이
시장 접근법 (Market Approach)	• 시장에서 거래된 유사 기술 가치를 근거로 판단 • 유사한 사례가 있을 경우 효과적	• 시장 기능을 이용 수급원리에 의한 비교 가격도출 • 거래에 의해 실제 유통될 수 있는 가격 산출 • 자료가 있을 경우 유용	• 기술 거래 유통시장의 미발달로 시장 접근 곤란 • 유사 거래시장이 존재해야 함
수익 접근법 (Income Approach)	• 기술이 상품화되었을 때의 예상매출액 및 이익을 추정하여 현재의 현금가로 환산하는 기법 • 수익 접근법을 사용하는 것이 일반적 • 장래의 현금흐름을 적절한 할인율로 나누어 현재의 가치를 산출하는 방법	• 미래 예상되는 기대 수익의 예측 및 이의 현가화를 통한 가치 창출 • 보완 자료의 가치 및 투자 리스크 고려	• 미래가치 예측, 기술 기여도 분석 등에 자의성 및 오차 개입 가능성 • 정확한 데이터 입수 곤란 • 시장 환경 등 전문적 지식 필요

표 4-4 기술의 가치 평가 방법
(출처: '기술가치평가 이론과 실제', 한국과학기술정보연구원)

는 방안을 고민하는 것이 좀 더 효율적이다. 그리고 시장이나 경영 환경의 변화에 따라 이러한 핵심 역량을 내외부적으로 획득하여 내재화하기 위해서는 무엇보다 기술 획득에 유연한 R&D 조직과 운영 체계를 갖추는 것이 중요하다.

둘째, 기술 관리 전략을 정형화된 프로세스로 관리하되 회사의 수준을 고려하여 운영 전략을 수립할 필요가 있다. 기술 스캐닝이나 소싱 전략은 결코 간단하게 실행할 수 있는 것이 아니다. 형식적이거나 비정형화된 방식을 통해서는 자칫 잘못된 신기술 획득 전략을 수립할 수도 있다. 그렇다고 무조건적인 외부 프로세스 도입 및 정형화 또한 기업 내부적인 반발을 초래할 수도 있다는 것을 명심해야 한다. 기업의 기술 관리 프로세스를 분석하고, 기존 관리 체계에 대한 문제점을 확실히 한 후에 가장 시급하고 중요한 프로세스부터 순차적으로 도입하는 것이 중요하다.

글로벌 G사의 기술 관리 체계 재수립 사례

석유, 가스 서비스 업체인 G사는 시장에서 경쟁력이 있는 회사이다. 하지만, 경쟁사와 비교할 때 보유 기술이나 자산이 적고 관리 수준이 낮아 기술 개발 과제들이 1년 이상 지연되는 경우가 빈번했다. 많은 원인 가운데 G사의 미흡한 기술 관리 역량이 핵심 원인으로 밝혀지면서 G사는 기술 관리 체계를 재수립하게 되었다.

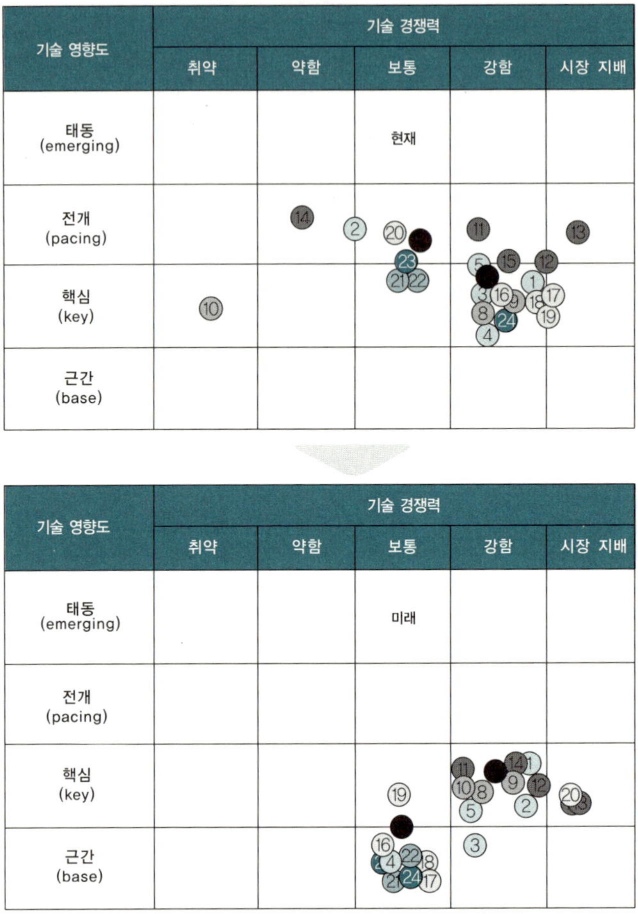

기술 영향도	기술 경쟁력				
	취약	약함	보통	강함	시장 지배
태동 (emerging)			현재		
전개 (pacing)		⑭	② ⑳ ㉓	⑪ ⑥ ⑮ ⑫	⑬
핵심 (key)	⑩		㉑㉒	③ ⑯ ① ⑧ ㉔ ④	⑰ ⑲
근간 (base)					

기술 영향도	기술 경쟁력				
	취약	약함	보통	강함	시장 지배
태동 (emerging)			미래		
전개 (pacing)					
핵심 (key)			⑲ ⑩ ⑧ ⑤	⑪ ⑭ ① ⑨ ⑫ ②	⑳ ㉓
근간 (base)			⑯ ㉒ ⑱ ㉑ ㉔ ⑰	③	

그림 4-8 G사의 As-Is 대비 To-Be 기술 역량 현황 (출처: 액센츄어, 2009)

기술 관리 체계를 재수립하면서 G사는 두 가지의 핵심 질문에 주목했다. 미래에 경쟁력을 확보하려면 어떠한 핵심 기술이나 역량을 보유해야 하는가? 그렇다면, 우리 회사가 보유한 각 기술은 현재 어떠한 위치에 있는가?

이 질문에 답하기 위해 우선 보유하고 있는 기술에 대해 정리했는데, 기술 분류 체계의 재정리를 통해 중복적으로 개발되고 있거나 혼선을 일으키는 요소를 제거하였다. 두 번째로, 보유하고 있는 기술 요소를 기술 영향도-경쟁력 매트릭스를 통해 현재 상황 파악을 하는 작업을 수행하였는데, 미래의 경쟁 우위 선점에 핵심적인 전개pacing 기술에 대한 구현 역량이 미흡한 것으로 밝혀졌다.

이에 따라 G사는 미래의 기술 역량 목표를 명확히 하고 이를 달성하기 위해 각 기술의 시급성이나 중요성에 따라 차별화된 확보 전략을 수립하였다.

기술 영역	기술 경쟁력 목표수준	자체 개발 (Make)	공동개발 (Collaborate)	흡수개발 (Buy)	우선 순위
MEA Engineering	시장지배	✓			높음
Alloy Catalyst	강함		✓	✓	높음
Corrosion Resistant Catalyst	강함		✓		높음
PFSA Membrane	강함		✓		높음 – 중간
Metal Plates	강함		✓	✓	높음 – 중간
High Pressure Cell Design	강함	✓			중간
Hydrocarbon Membranes	중간		✓	✓	중간
Graphite Plates	중간	✓			중간 – 낮음
Manufacturing-Continuous Methods	중간		✓		낮음

표 4-5 G사의 Make, Collaborate, Buy 기술 확보 전략 (출처: 액센츄어, 2009)

이 프로젝트에서 가장 핵심적인 성공 요소는 G사가 핵심 기술을 단시간에 효율적으로 확보하기 위해 외부 자원을 활용하는 것이었는데, 외부 업체와의 협업 및 기술 인수 등 다양한 모델을 활용하였다. 오늘날 G사는 체계적, 개방형 기술 전략이 근간이 된 지속적인 기술 혁신으로 석유 가스 부문의 글로벌 선도 기업으로 자리매김하였다.

5장
개방형 혁신을 통한 아이디어 관리 전략

액센츄어 글로벌 서베이에 따르면, 고성과 기업들의 30%가 신제품 아이디어의 50% 이상을 외부 파트너(고객, 공급사, 유통사, 학계)로부터 수집하여 개발에 접목하고 있으며, 42%는 기술 개발 비용을 외부 파트너와 공동 분담하고, 50%는 외부 파트너를 자신의 신제품 개발팀에 참여시키는 등 외부 자원을 적극적으로 활용하고 있는 것으로 나타났다.

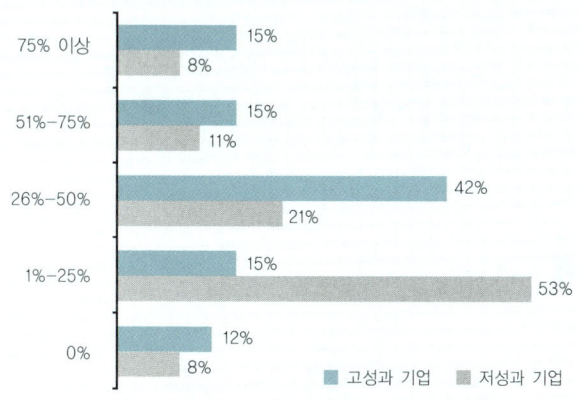

그림 5-1 외부로부터 신제품 아이디어 취득 비율

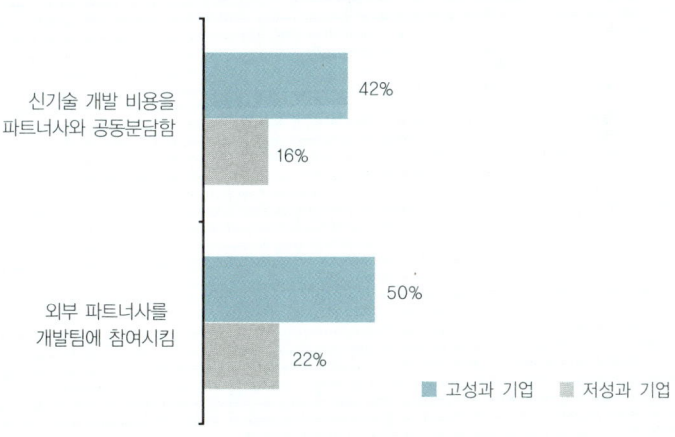

그림 5-2 외부 파트너의 신제품 개발 참여 비율

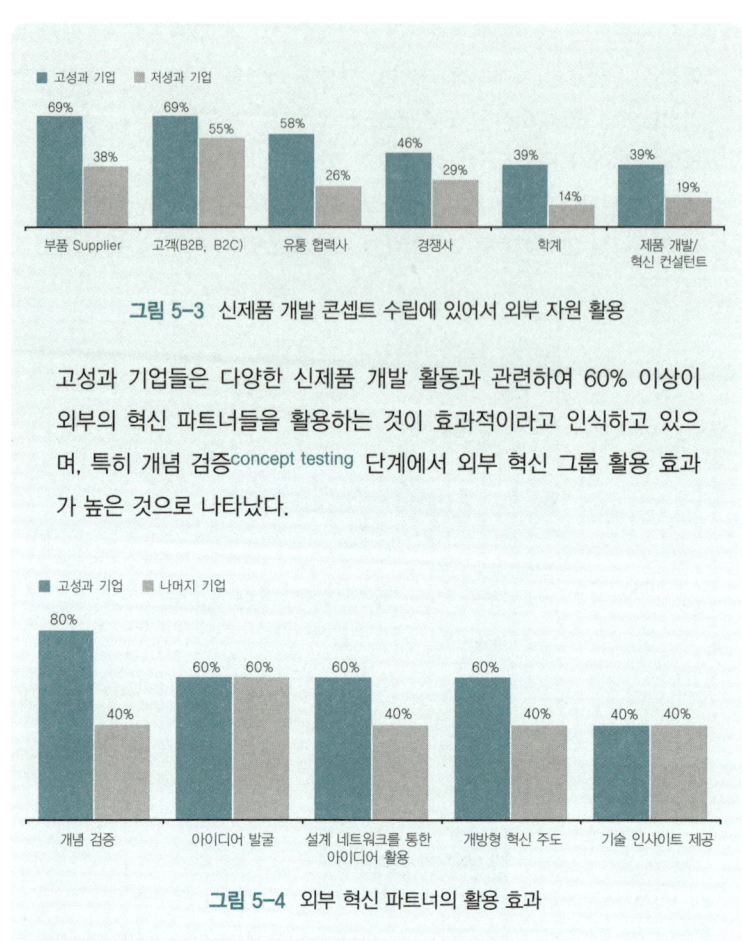

그림 5-3 신제품 개발 콘셉트 수립에 있어서 외부 자원 활용

고성과 기업들은 다양한 신제품 개발 활동과 관련하여 60% 이상이 외부의 혁신 파트너들을 활용하는 것이 효과적이라고 인식하고 있으며, 특히 개념 검증concept testing 단계에서 외부 혁신 그룹 활용 효과가 높은 것으로 나타났다.

그림 5-4 외부 혁신 파트너의 활용 효과

외부 자원을 활용하라: 개방형 혁신

개방형 혁신은 지난 2003년 버클리 대학의 헨리 체스브로Henry Chesbrough 교수가 처음 소개한 개념이다. 개방형 혁신이란 기업이 신제품 기획, R&D 및 사업화의 프로세스를 개방하고 외부 자원을 활용함으로써 혁신 비용을 절감하고 성공 가능성을 높이며 부가가치 창출을 극대화하는 혁신 방법론으로 기존의 폐쇄형 혁신보다 발전된 개념이다.

개방형 혁신의 기본 논리는 다양한 공유 매체를 통한 정보의 급속한 확산으로 새로운 아이디어의 독점은 어려워지고, 기술 및 제품의 컨버전스가 가속화되어 가는 치열한 비즈니스 환경에서 효율적인 외부 자원의 활용이 제품의 상업적 성공에 중요하다는 전제에서 시작된다.

이 절에서는 창의적인 아이디어 발굴에서 상품화에 이르기까지, 외부 자원을 활용한 개방형 혁신의 성공 전략에 대해 살펴보자.

혁신 패러다임의 전환

오늘날 각 산업 분야에서 선두를 달리는 많은 기업은 R&D 혁신을 통해 새로운 수익원 profit pools 을 창출하고, 미래의 비즈니스 가치를 높이기 위해 끊임없이 노력하고 있다. 하지만 얼마 전까지만 해도 많은 기업이 회사 내부 자원을 활용해 아이디어와 성장 기회를 찾고, 제품 혁신을 위한 기술 개발에 막대한 비용을 투자하여 신제품을 조기에 출시하는 것이 시장을 선점하기 위한 선결조건으로 여겨졌다. 그러나 최근 IT 기술로 무장한 벤처회사들의 급속한 성장으로 글로벌 선도 기업들은 여러 분야에서 신생 기업과 치열한 경쟁을 펼치고 있다. 이러한 신생 기업들은 모기업으로부터 물려받은 기술을 바탕으로 새로운 사업 모델을 벤처 형태로 분사 spinning out 하거나 다른 기업들이 연구한 것을 토대로 새로운 기술을 접목하여 특정 시장을 선점하고 있다. 대표적인 예로, AT&T로부터 분사한 루슨트는 벨연구소의 통신기술을 바탕으로 제품을 개발해 크게 성공하였고, 시스코는 새로운 제품과 서비스를 개발한 벤처 회사를 인수 합병하여 내부에서 연구하지 않고도 뛰어난 성과를 올렸다.

세계적인 혁신전략의 대가인 헨리 체스브로 교수의 말에 따르면, 좋은 아이디어가 많음에도 불구하고 선두 회사의 혁신 성과가 현저하게 감소하는 이유는, 혁신 패러다임의 전환 때문이다. 20세기 후반부터 폐쇄형 혁신closed innovation은 기술 라이선싱과 분사technology licensing and spin-outs를 통해 빠른 속도로 성장한 벤처기업의 상품/서비스에 의해 많은 도전을 받아 왔다. 이는 기술이 개방되고 유효기간이 짧아졌기 때문이다. 결국 새로운 연구에 대규모 투자를 진행하기보다는 상품과 서비스 개발을 위한 신기술을 외부에서 찾기 시작하였다. 이제 개방형 혁신은 내부 아이디어와 함께 외부 파트너(고객, 공급사, 유통사, 학계)로부터 신규 아이디어를 수집하고 신제품 개발에 대한 비용과 책임을 공유하는 새로운 패러다임으로 자리매김하고 있다.

개방형 혁신의 개념

개방형 혁신은 내부와 외부의 다양한 채널을 이용하여 신기술/신제품 아이디어를 수집하는 단계부터 외부 파트너를 아웃소싱하여 상품을 개발하고 품질 테스트를 하는 단계까지 기업 내부에 국한되어 있던 R&D 활동을 기업 외부까지 확장하여 R&D의 가치를 극대화하는 전략이다(그림 5-5 참조).

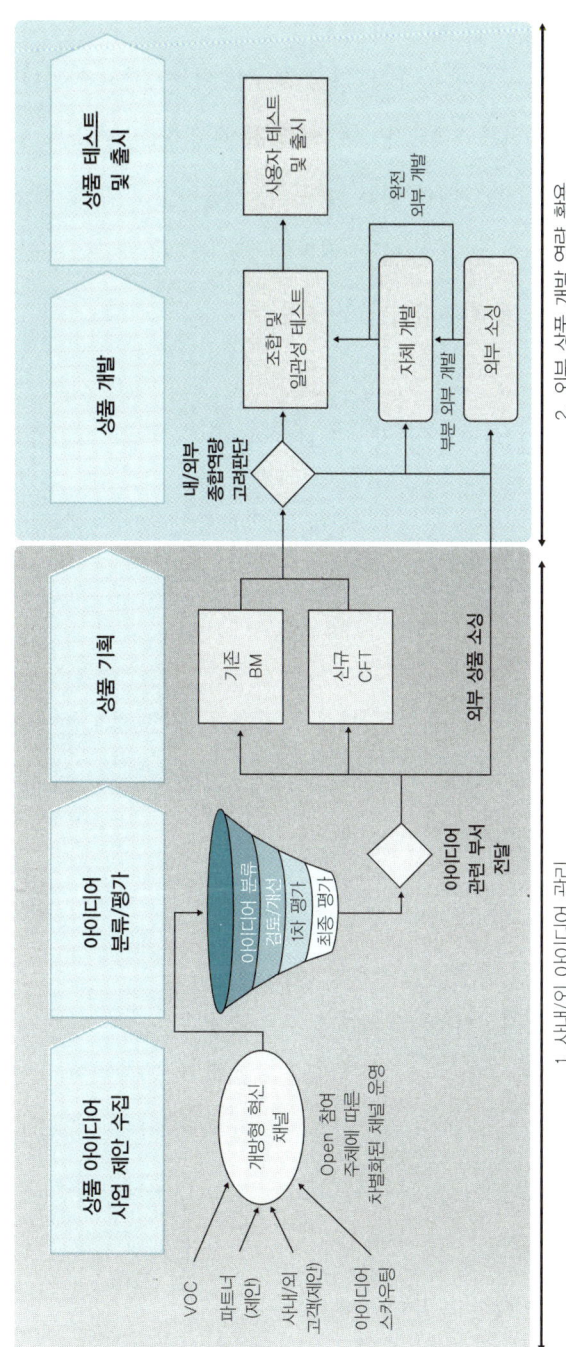

그림 5-5 개방형 혁신 연구와 상품 개발 (출처: 액센츄어, 2009)

사내/외 아이디어 수집 활동은 아이디어 발굴을 위한 다양한 채널 운영에서부터 아이디어 평가 및 보상 제공에 이르기까지 아이디어 제안 및 사업 활성화를 위한 것이며, 상품 개발 및 품질 테스트 활동은 내부 개발 역량을 판단하여 외부 파트너를 선정하고 개발 및 테스트에 참여시켜 효율적인 협업 개발 체계를 구축함으로써 궁극적으로 적기 출시 리드타임을 단축하기 위한 것이다.

개방형 혁신의 대상과 주요 역량

사내/외 아이디어 관리

아이디어 관리란 상품 개발 프로세스 초기에 도출된 아이디어를 축적하고 스크리닝screening하여 구체적인 사업화 계획으로 정의하는 과정을 체계화하는 것이며, 다양한 외부 채널을 통해 양질의 아이디어를 수집/발굴하고 아이디어 수준에 따라 분류·평가하여 적시에 상품 개발 단계로 연계 관리하는 역량이다

아이디어 수집과 검증

내부에 국한되었던 기존의 아이디어 수집 형태에서 벗어나 외부의 다양한 제안 주체를 활용하여 아이디어를 수집하고, 아이디어가 접수되었을 때 유형에 따라 분류하여, 상품화 가능한 아이디어 인지 검증할 수 있어야 한다(그림 5-6 참조). 예를 들면, 외부 지식 제공 업체와 파트너, 내부 직원 네트워크를 기반으로 구성된 전담 채널 등을 운영함으로써 아이디어에 대한 품질quality이 확보된다.

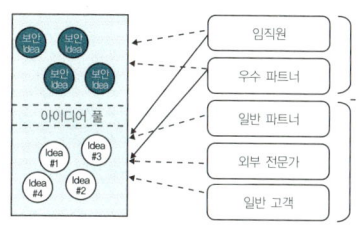

- 일반 제안 아이디어에 한하여 검증된 우수 파트너 및 임직원에게 공개(아이디어 투표 및 코멘트 제공을 통한 의견 제시가능)
- 보안 아이디어 수준의 경우 검증 및 보안 서약 후 해당 관련 부서/파트너에게 공개
- 고객 커뮤니티 멤버인 경우 과제에 따라 스크리닝한 정보 제공
- 기존 로 데이터(raw data) 형태로 수집된 아이디어/사업 제안 중 상세화 필요한 사항들에 대해 아이디어 개발자(idea Generator) 역할로 참여
- 아이디어/사업 제안 평가 시 고객 가치 반영도에 대한 실제 검증 필요 시 참여

그림 5-6 아이디어 정보 공개 기준과 범위 (출처: 액센츄어, 2009)

접수된 아이디어에 대해서는 유형에 따른 분류를 통해 상품 개발이 적시에 가능하도록 관리되어야 한다. 일반적인 아이디어 분류 유형은 ① 신규 R&D 역량이 요구되는 신상품(사업) 아이디어 ② 현재 존재하는 상품 플랫폼의 큰 변화가 요구되는 상품 개발 아이디어 ③ 기존 플랫폼의 재활용과 신규 모듈 개발이 요구되는 상품 개발 아이디어 ④ 상품 속성 변경 및 추가가 필요한 아이디어로 구분된다. 이러한 유형을 기준으로 분류 등급을 정의하고 등급에 따라 정보 공개 수준 및 보안사항 등을 검토하여 정보 공개 대상 범위를 정하게 된다.

수집되어 분류된 아이디어에 대해서는 상품화를 위한 개념 정립에 앞서 스크리닝을 통한 사업성 검증feasibility test을 거치게 된다. 일반적으로 검증 단계에는 아이디어 제안자, 고객 커뮤니티 구성원, 사내 기능협업팀CFT이 공동으로 참여하여 아이디어를 검토하고, 의사결정을 위하여 경영진이 미팅을 정기적으로 운영한다. 최근 IT 업계를 주도하고 있는 애플의 경우 'Top 100 미팅'을 운영하여 CEO가 선정한 1%의 직원들과 연 2회 아이디어 리뷰 미팅을 진행한다. GE의 CEO인 제프리 이멜트는 새로운 성장 동력을 발굴하기 위한 '이노베이션 브레이크스루Innovation Breakthrough' 회의를 직접 주관한다.

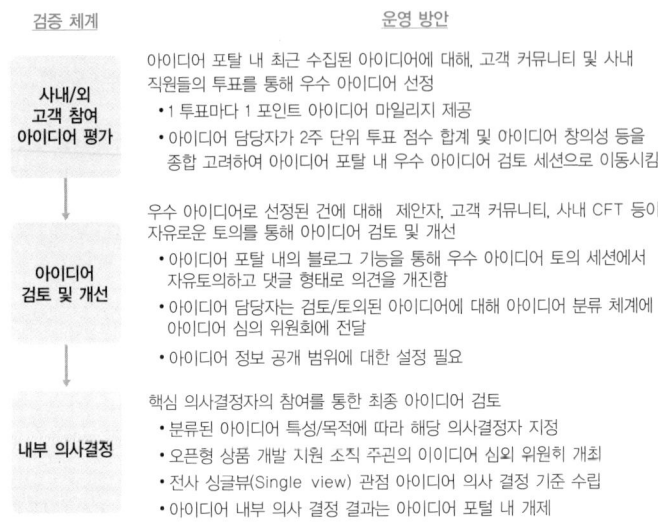

그림 5-7 아이디어 검증 체계 (출처: 액센츄어, 2009)

최근 많은 기업이 신제품 개발을 위한 아이디어 활성화 제도를 도입하여 프로세스화 하고 있지만 실제로는 형식적인 제안에 그치거나 제출된 아이디어를 스크리닝하는 과정에서 구체화하지 못하는 경우가 많다.

이러한 문제점을 개선하기 위해서는 선정된 아이디어에 대해서 여러 측면의 보상 제도를 마련하는 것이 중요하다. 아이디어 제도를 성공적으로 운영하고 있는 회사를 보면 금전적인 보상 이외에도 공식적으로 성과로 인식될 수 있는 제도를 운영하여, 아이디어가 성공적으로 상품화되고 회사에 수익을 가져다 준 경우 파격적인 보상을 제공한다.

구분	상세 활동	As-Is R&R (소극적 아이디어 개발 조직)	To-Be R&R (적극적 아이디어 발굴 및 실행 조직)
아이디어 풀 운영	아이디어 수집 채널 운영	• 온라인 채널 운영 • 아이디어 분리, 연계, 통합 등의 기초 작업	• 아이디어 관리 시스템을 활용한 수집 과정에서 아이디어 분리, 연계, 통합, 이력 관리 작업 • 아이디어 수집 채널 통합 관리 • 기본 요건 충족성, 중복성 검토, 아이디어 제공자에 대한 피드백 제공 및 진행 상태 안내
고객 커뮤니티	고객 커뮤니티 활용	• 아이디어 제공 위주의 단순 고객 커뮤니티 모집	• 고객 커뮤니티 대상 멤버 모집 • 활용 부서를 위한 리소스 적시 적소 배치
아이디어 스카우팅	외부 아이디어 중개 파트너 이용	• 관련 R&R 없음	• 아이디어 탐색 멤버 운영 • 아이디어 스카우팅 절차
우수 아이디어 보상	차별화된 아이디어 보상	• 아이디어 심의 위원회 협의 결과를 통한 보상 방안 수립	• 사업화 기여도에 따른 차별적 포상 제도 운영 • 아이디어 마일리지 제도 운영
아이디어 상세화	아이디어 상세화 미팅 지원	• 아이디어 검토/보완을 통한 소극적 아이디어 제안자 지원 위주	• 상세화 템플릿 및 구조화 방법론 지원 • 아이디어 구조화 관련 브레인스토밍 미팅 주최

표 5-1 아이디어 운영 체계 (출처: 액센츄어, 2009)

아울러 아이디어 관리 제도의 효과적인 운영을 위해 전담 조직을 운영하는 경우도 많다.

실행력 강화를 위한 아이디어 제안 관리

검증 절차를 거쳐 선정된 아이디어에 대해서는 성숙도 유형에 따라 곧바로 상품 개발이 이루어질 수 있도록 하여 적기 출시 리드타임을 단축할 수 있다. 일반적으로 성숙도에 따라 유형을 크게 3단계로 나눈다. 먼저, 제안 단계의 아이디어에 대해서는 기술 및 상품화 타당성 검토를 위해 상품 개발 지원 조직과 아이디어 제안 주체가 참여하여 비즈니스 모델 개발에 대한 의사결정을 한다. 두 번째로, 비즈니스 모델 수준의 아이디어는 상품 기획안 검토에 따른 개발 진행 여부 및 내/외부 리소스 소싱 여부 판단을 통해 상세 개발 계획을 보강한 후 상품 개발 도입을 추진한다. 마지막으로 상품 개발 도입 수준의 아이디어는 개발 착수 승인을 통해 상품 속성을 정의하고, 이후 기능협업팀^{CTF}을 구성하여 내/외부 협업 형태로 인큐베이팅^{incubating}을 한다. 그리고 이렇게 채택된 아이디어의 사업화를 추진한다(그림 5-8 참조).

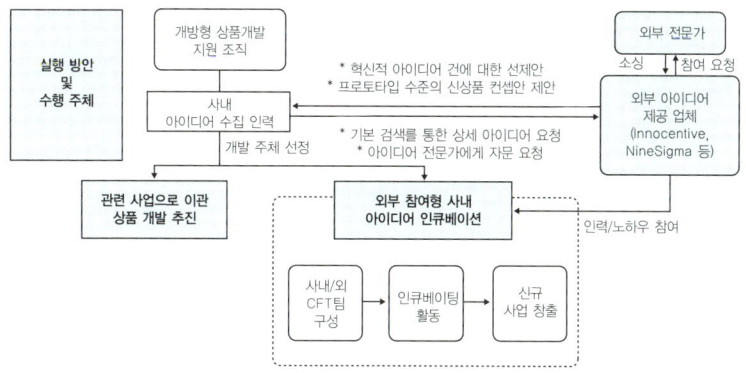

그림 5-8 상품 도입 단계 아이디어 관리 체계 (출처: 액센츄어, 2009)

아이디어 사업화를 위해 선정된 사내 전문가들은 인큐베이팅 활동에 전념할 수 있도록 인사상 배려가 필요하며 동시에 참여 기간이 장기화될 경우를 고려해서 최대 2년간의 사업 성과는 회사 내로 귀속하도록 하는 위험 관리가 필요하다.

외부의 상품 개발 역량 활용

기획된 상품에 대해 개발 단계에서 외부 역량을 활용하는 것으로, 외부 리소스 소싱 유형을 검토·선정하고 외부 파트너를 상품 개발과 테스트에 참여시킴으로써 효율적인 협업 개발 체계를 구축하는 전략이다.

외부 리소스 소싱 유형 검토와 파트너 선정

상품 개발 단계에 앞서 적합한 외부 리소스 소싱 유형을 선정하고 상품 개발에 적합한 최적의 파트너를 선정하는 것이 중요하다. 외부 리소스 소싱 유형은 회사 내부 역량 수준과 내부화 적합성 관점에서 과제에 필요한 기술 요소의 특성을 파악하여 소싱 방안을 수립하며 자체 개발Make, 공동 개발Collaborate, 흡수 개발Buy로 구분할 수 있다.

자체 개발은 리소스 기획 및 개발 과정에 회사가 관여하여 모든 산출물을 자산화하는 것이며, 공동 개발은 일정 부분 투자를 통해 기술을 획득하는 것이고, 흡수 개발은 완성된 기술 요소를 외부로부터 획득하는 것이다.

유형별 선정 기준은 대체로 외부 업체와 수익에 대한 배당이나 투자를 공유할 수 있을 때 공동 개발 방식을 채택하고, 핵심 기술이지만 후발주자이고 투자 대비 비용이 과다할 때는 흡수 개발을, 전략적으로 성장 동인이 될 수 있는 핵심 기술인 경우에는 자체 개발을 선택하는 경우가 많다. 각 외부 리소스 소싱 유형별 특징을 살펴보면 그림 5-9와 같다.

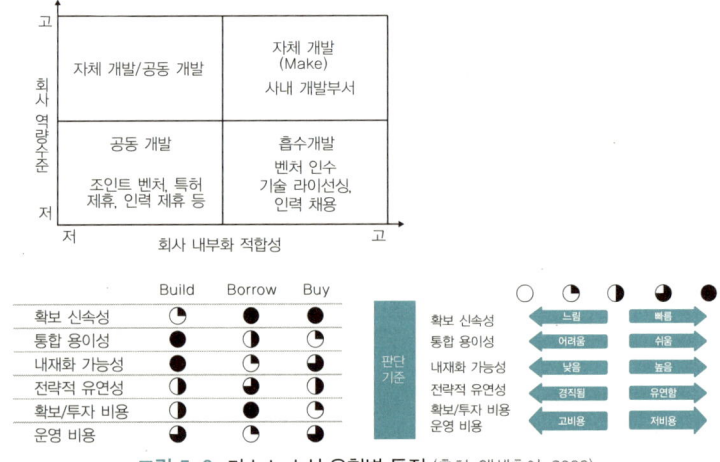

그림 5-9 리소스 소싱 유형별 특징 (출처: 액센츄어, 2009)

외부 파트너 참여 상품 개발 및 테스트

외부 파트너와 상품 개발 담당 간의 효율적인 협업 개발 체계를 구축하고, 파트너와 동시 진행하는 병렬적 개발 프로세스를 통해 상품 개발 리드타임을 단축할 수 있다. 외부 파트너와의 상품 개발 협업은 내부에서 기획한 상품에 대해 외부 파트너에게 기능 서비스 개발을 요청하고 상품 개발 담당 부서에서 개발 과정을 모니터링하며, 이렇게 개발된 외부 파트너의 상품을 소싱하여 단독 혹은 현재 회사의 상품과 결합하여 완성된 상품으로 구성하여 출시하는 방식이다(그림 5-10 참조).

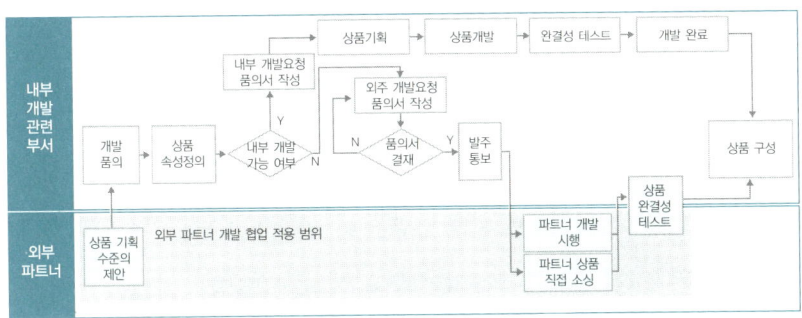

그림 5-10 외부 파트너 참여 상품 개발 프로세스 (출처: 액센츄어, 2009)

최근에는 상품 개발 과정에서 외부 리소스 도입을 통한 테스트도 활발히 이루어지고 있다. 외부 파트너나 고객을 테스트에 참여시켜 파트너가 제공한 서비스로 구성된 상품에 대한 완결성을 테스트하거나 출시 전 고객 커뮤니티 안의 최종 사용자들을 중심으로 개발 완료된 제품에 대하여 고객 가치 부합도를 검증하는 것이 목적이다.

최근에는 많은 신기술이 오픈되고 이를 활용한 애플리케이션의 개발주기가 점점 단축되는 상황에서 회사 내 제한적인 인력 양성self study을 통한 '패스트 팔로워' 전략이나 임시방편적인 품질 해결책으로는 글로벌 시장에서 경쟁우위를 지키기 어려운 상황이다. 일례로 애플의 아이폰이 주도하고 있는 스마트폰 시장에서는 어떤 회사가 최신 운영체제OS를 기반으로 한 신제품을 적시에 출시하느냐가 시장에서 살아남기 위한 핵심 전략이 되었다. 이를 위해서는 제한된 시간 내에 품질을 확보하기 위해 검증된 테스트 인력을 소싱하는 것이 대안이 되고 있다.

국내 기업에 대한 시사점

지금까지 개방형 혁신에 대한 개념과 이를 실현하기 위한 아이디어 관리 및 상품 개발 역량에 대한 실행 방안을 살펴보았다. 이를 기준으로 국내 기업들이 고려해야 할 핵심적인 성공 요소들은 다음과 같이 정리할 수 있다.

첫째, 개방형 혁신이 본질적으로 내부 혁신 활동에 외부 채널을 연결하는 것이므로 이를 성공적으로 결합하기 위해서는 먼저 내부의 혁신 활동이 효과적으로 이루어져야 한다. 일부 회사들은 개방형 혁신을 내부 R&D의 대체 역할이나 아웃소싱 수단으로 여기는 경우가 있으나 이러한 접근은 오히려 실패를 낳을 가능성이 크다.

둘째, 외부 채널을 통한 개방형 혁신에 대해 많은 기업들이 생소하게 생각하고 있고 투자 대비 가치에 대한 의구심을 갖는 경우가 많다. 따라서 혁신 성과를 측정할 수 있는 성과지표를 개발하고, 관리하는 것이 중요하다. 예를 들면, 많은 회사들이 신제품 도입에 따른 매출 목표를 관리해왔는데, 이를 회사 내부 요소와 외부 요소로 세분해서 관리할 필요가 있다. 개방형 혁신을 도입한 몇몇 회사의 경우 외부 R&D를 위한 예산 확보 시 대학, 연구소, 벤처기업 등 외부 기술 소싱 대상을 세분화하여 협업 레벨에 따른 투자 대비 매출 기여도를 관리한다. 필립스의 경우, 대학 연구소 및 벤처기업으로 구성된 클러스터Cluster를 통해 개방형 혁신을 추진한 결과 신기술 R&D 기간이 단축되었으며 이에 대한 기여도를 총 매출 대비 외부기술을 활용한 신제품 매출 비중으로 구분하여 관리한다.

셋째, 외부 채널과의 협업을 위한 인터페이스를 단순화하여 커뮤니케이션 및 협상 프로세스의 복잡도를 최대한 감소시켜야 한다. 이것은 개방형 혁신을 통해 수익을 창출한 회사들의 공통점이기도 하다. 마지막으로, 혁신을 위한 방식이 폐쇄형이든 개방형이든 이를 지속적으로 추진하고 가속하기 위한 활성화 정책이 무엇보다 중요하다. 혁신을 외치는 회사는 많지만 실제 성과로 이어지는 경우는 드물다. 아이디어 단계부터 관련 부서 모두가 혁신 마인드를 공유하고, 상품 개발 단계로 구체화하는 과정을 체계적으로 관리하며, 채택된 아이디어에 대한 보상 체계를 차별화해 나가야 한다. 혁신적인 작은 아이디어가 회사의 미래를 바꿀 수 있다는 자신감을 가져야 한다.

혁신 제품 개발을 위한 신제품 아이디어 관리 사례: 애플

개방형 혁신이 산업 전반의 R&D 키워드가 되고 있는 요즘, 아이폰을 개발한 애플의 사례는 모든 회사의 롤 모델이라고 해도 과언이 아니다. 애플의 신제품을 소개할 때마다 인상적인 연설을 하는 것으로 유명한 CEO 스티브 잡스는 "혁신이야말로 리더를 구분 짓는 것$^{\text{Innovation distinguishes between a leader and a follower}}$"이라고 하면서 애플의 신제품 개발 프로세스$^{\text{ANPP, Apple New Product Process}}$ 혁신을 통해 개발 과정에 깊이 관여하는 것으로도 잘 알려져 있다.

신제품 아이디어 단계부터 브레인스토밍 형식으로 CEO가 직접 상위 1%의 직원을 참여시켜 아이디어 리뷰회의를 주관하고 토론을 통해 최종 아이디어를 결정한다. 아이디어를 개념화하는 단계에서는 최고디자인책임자$^{\text{CDO, Chief Design Officer}}$가 아이디어를 구현하는 디자인 전담 조직인 IDT$^{\text{Industrial Design Team}}$ 인력을 외부에서 직접 채용하며 생산 단계까지 디자인 개념이 일관되게 반영될 수 있는 권한을 갖고 있다.

또한, 아이디어 발굴 단계부터 혁신적인 프로세스를 반영하는 만큼 결과에 대해서도 성공에 대한 보상과 실패에 대한 책임이 명확하다. 혁신은 모든 사람이 할 수 없는 만큼 혁신을 통해 성과를 창출한 직원에게는 확실한 보상을 통해 혁신 마인드를 형성하고 동기를 부여하는 조직 문화가 형성되어 있다.

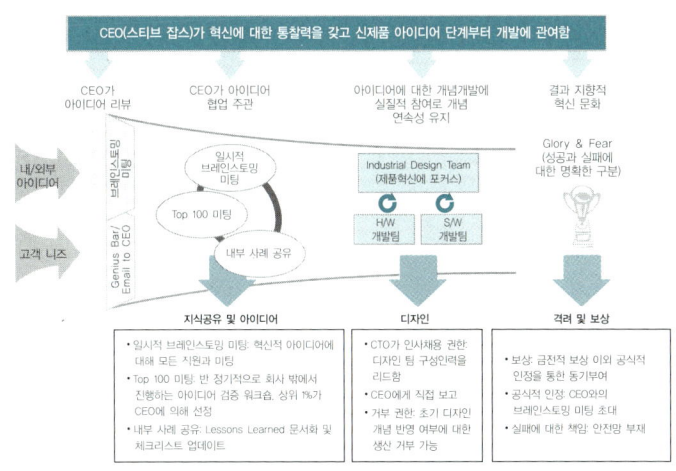

그림 5-11 애플 신제품 개발 체계 (출처: 액센츄어, 2009)

연구부터 글로벌 사업화까지 전 과정에 걸친 협업 사례: 필립스

필립스는 기존의 R&D 역량이 거의 내부에 집중되어서 혁신 비용도 많이 들고 제품 출시 기간도 경쟁사와 비교하여 길다는 것을 깨닫고, 단축된 제품 개발 리드타임 내에서 혁신을 가속하기 위한 수단으로 개방형 혁신을 도입하였다. 최고의 인력과 아이디어가 반드시 회사 안에만 존재하지는 않는다는 현실 인식을 바탕으로 회사 외부에 있는 혁신 조직의 지식을 소싱하기 위해 커뮤니티를 형성하고 연구research에서부터 결과에 대한 사업화 business까지 전 과정에 걸쳐 협업을 하기 위한 혁신 체계인 개방형 혁신 핫스팟Hotspot를 구성하였다. 개방형 혁신 핫스팟을 메인 R&D 센터에 만들고 참여 회사들을 지역 클러스터로 구성하여 핫스팟을 통해 더 빠르고 비용 효율적인 혁신을 수행하게 되었다.

필립스는 개방형 혁신 핫스팟을 만들기 위한 마스터플랜을 세우고 이를 바탕으로 적용 기술 분야를 선정하여 수행 전략을 수립하였다.

필립스는 개방형 혁신의 적용 분야를 개인 생활용품personal care, 의학 마이크로 시스템medical microsystems, 스마트 환경 시스템에 우선하여 적용하고 있다. 그 중 의학 마이크로 시스템 연구 개발을 위한 혁신 모델은 다음과 같이 운영하고 있다.

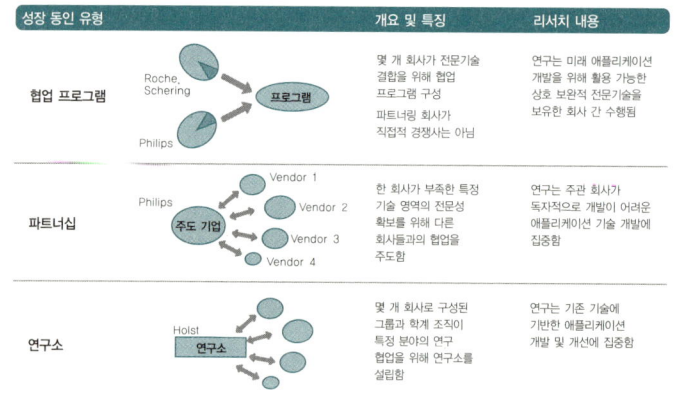

그림 5-12 협업 프로그램 및 파트너십을 통한 성장 동인 확보 (출처: 액센츄어, 2009)

개방형 혁신 핫스팟 도입 효과를 시뮬레이션해본 결과, 필립스는 전략적으로 선정된 기술과 애플리케이션 분야에서 개방형 혁신을 위한 선순환 시스템Ecosystem을 확보함으로써 R&D 경쟁력이 강화되었으며 핫스팟 협력사들의 지속적인 발굴과 공동 개발로 혁신 프로그램의 실행력이 향상되었다.

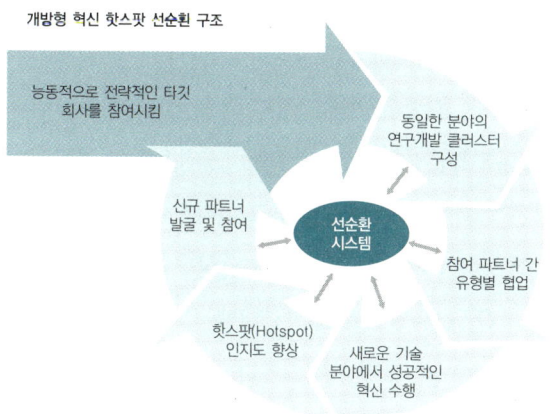

그림 5-13 개방형 혁신 핫스팟 정성적 효과 (출처: 액센츄어, 2009)

또한 정량적인 효과로 외부 리소스 활용을 통해 기존과 비교하여 개발비용이 절감되었으며 신기술 획득에 따른 지적 자산 IP 특허와 기술 자회사 분사에 따른 새로운 매출이 발생하였다.

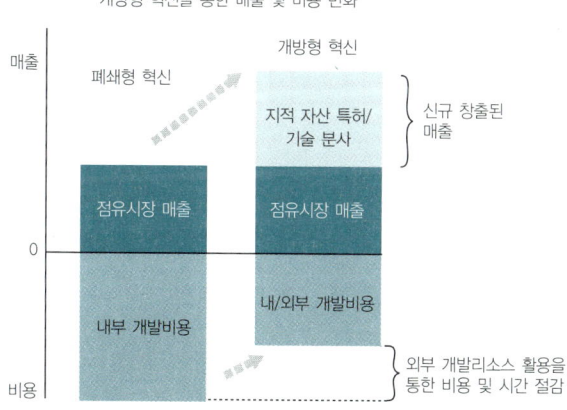

그림 5-14 개방형 혁신 핫스팟 정량적 효과 (출처: 액센츄어, 2009)

5장 개방형 혁신을 통한 아이디어 관리 전략

B2B 개방형 개발 모델 혁신 사례: 도이치텔레콤 AG

글로벌 통신산업은 유무선 시장이 포화 상태에 이르러 매출이 둔화되고 규제와 경쟁으로 가격과 시장점유율이 하락하여 수익성이 크게 약화되는 어려움을 겪고 있다. 소비자의 니즈에 맞는 신속한 혁신이야말로 최근 시장에서 성공할 수 있는 핵심 수단이 되고 있다. 전통적으로 통신산업에서도 혁신은 회사 내 연구개발In-house R&D 부서에 한정되었다. 그러나 이러한 모델은 빠르게 진화하며 예측이 어려워진 글로벌 시장의 변화에 대응하기에는 더 이상 유연하지 않게 되었고, 제품과 애플리케이션 개발에 새로운 시도를 하기 위해 닫혔던 문을 열어 외부 파트너와의 협업을 통한 제품 개발에 눈을 돌려 웹 2.0 기술을 비롯한 새로운 사업모델을 개발하고 있는 추세이다.

도이치텔레콤Deutsche Telekom은 2008년에 약 760억 달러의 매출을 기록한 글로벌 4위 규모의 통신회사로 미래의 매출 잠재력을 파악하고 개방형 외부 커뮤니티와의 전략적 파트너십을 통해 B2B시장의 리더로 자리매김하길 원했다.

비용 대비 수익 구조를 개선하기 위하여 새로운 비즈니스 모델이 필요했던 도이치텔레콤은 B2B 개방형 혁신 체계를 구축하여 웹 2.0 기술을 활용한 새로운 사업 기회를 모색하였다.

도이치텔레콤은 1단계로 통합 B2B 개방형 개발을 위한 파트너링 모델과 제품 포트폴리오를 정의하였다. 파트너링 모델은 ① 전략적 파트너링 원칙과 ② 잠재적 파트너 모델의 평가(비즈니스, 조직, 상업적, 법률적 관점, IT 시스템화 관점, 판매 및 지원 관점) 모델을 수립하고 도이치텔레콤을 위한 파트너 선정 시나리오를 설계하였다. 2단계에서는 B2B 파트너링 전략에 대한 상세한 역량 모델 구현을 계획하고 있다.

개방형 개발 모델 도입은 도이치텔레콤에게 폭넓은 개발 커뮤니티 참여를 통해 장기적인 개발 서비스 모델을 개척할 수 있도록 하였다. 물론 아직까지는 IP 업체들이 통신산업의 핵심 영역인 서비스 시장을 지배하고 있지만 이러한 시도를 통해 도이치텔레콤은 2012년까지 75% 이상의 매출 향상을 기대하고 있다.

6장
플랫폼/모듈화를 통한 R&D 효율화 전략

액센츄어 글로벌 서베이에 따르면, 고성과 기업은 신제품 개발에 제품 플랫폼을 활용함으로써 제품의 복잡도를 줄이고 있으며, 기술이나 기능에 큰 변화가 있을 때만 새로운 플랫폼을 설계한다. 또한 기존 제품 개발에서 얻은 지식과 설계 경험을 70% 정도까지 새로운 제품 설계에 재활용한다.

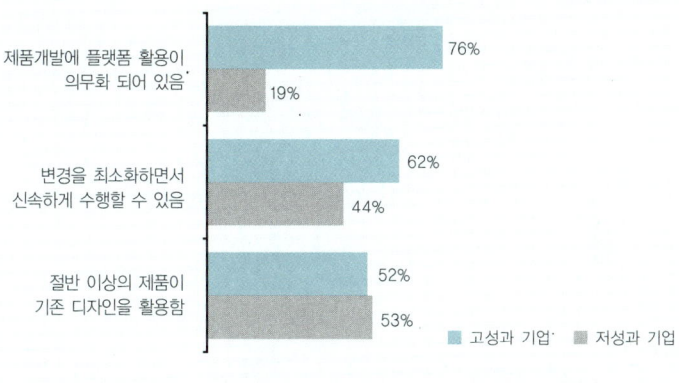

그림 6-1 플랫폼의 활용

고성과 기업들은 플랫폼 기반의 제품 개발을 통해 제품의 복잡성을 줄임으로써, 제품 개발 기간과 소요 자원을 20~30% 가량 줄이며 시장 출시를 앞당기고 있다.

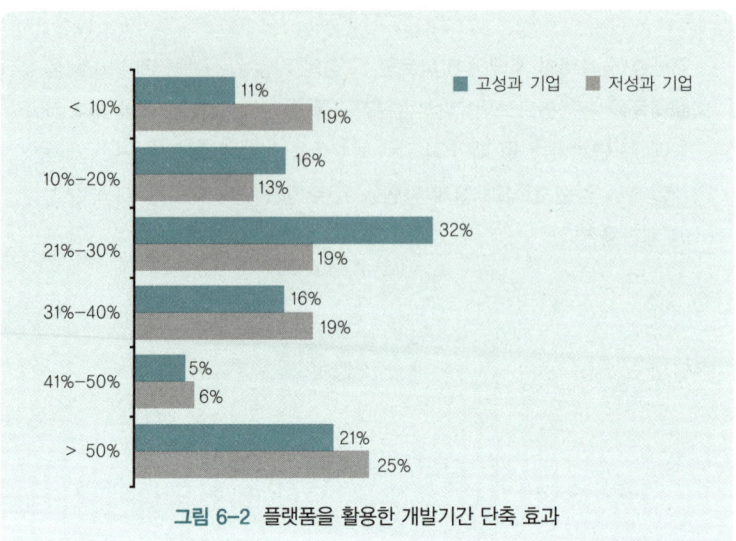

그림 6-2 플랫폼을 활용한 개발기간 단축 효과

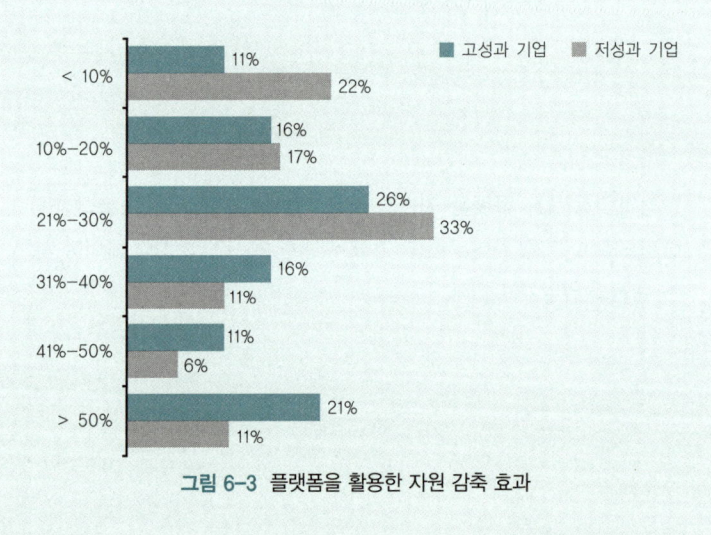

그림 6-3 플랫폼을 활용한 자원 감축 효과

기업 환경 변화와 플랫폼

제품 개발과 제조 방법의 변화

제품 개발 및 제조 방법에 대한 패러다임은 수공업craft manufacturing에서 대량 생산mass production을 거쳐 재조합reconfigurable, 초차별화hyper differentiation에 이르기까지 시장의 요구, 기술의 진보와 더불어 변화, 발전해오고 있다(그림 6-4 참조). 이 장에서는 주로 대량 맞춤mass customization에 대응하기 위한 방법으로 플랫폼/모듈화를 통한 제품 개발 효율화의 측면을 중점적으로 다뤄보고자 한다.

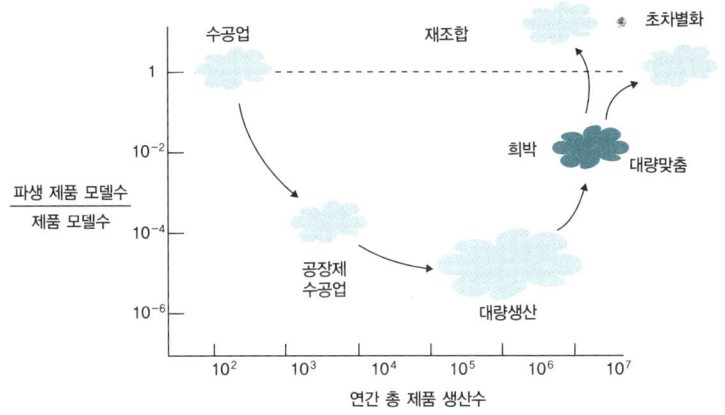

그림 6-4 패러다임의 변화 (출처: Timothy Simpson & Olivier de Weck, 2004)

전통적인 기업은 대부분 각각의 소비자들을 목표로 한 번에 하나의 제품을 독립적으로 개발/제조하는 방식으로 취하였다. 하지만, 그림 6-5에서 보듯이 시장의 요구가 다양화됨에 따라 제품의 복잡성이 증가했고, 이는 제품 모델과 파생품variants 수의 증가로 이어졌다. 부품

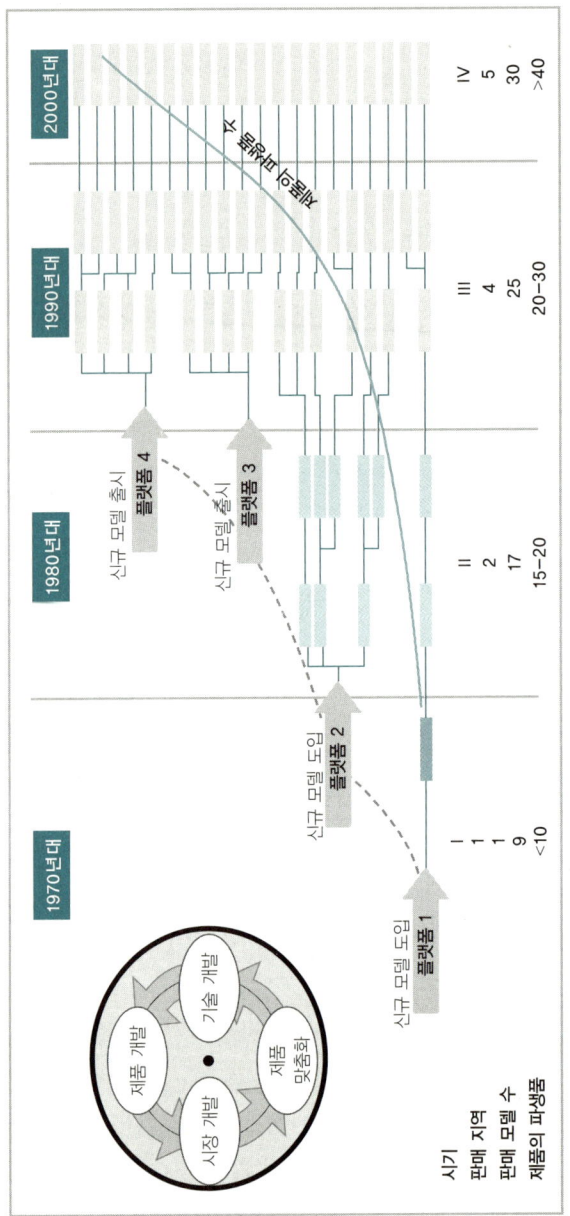

그림 6-5 제품의 복잡성 증가 (출처: 액센츄어, 2010)

공용화, 호환성 확보, 표준화 등의 실패로 인한 제품 수의 증가는 제품 개발 리드타임과 비용의 증가를 초래하였다. 이로 인해 대량생산에 의한 규모의 경제economics of scale 효과를 볼 수 없는 상황에까지 이르는 기업이 나타나기 시작하였다.

플랫폼/모듈화란?

이와 같은 상황을 맞아 기업들은 제품군product family이라는 새로운 개념으로 대응하기 시작하였다. 제품군이란 유사한 기능, 요소, 모듈 및 서브시스템 등으로부터 파생된 연관성 높은 제품들의 모음이다. 이러한 제품군의 핵심에 바로 플랫폼platform과 모듈화modularization가 있다. 먼저 모듈module이란 '구별된 기능을 제공하기 위한 요소들의 모음'으로 다른 모듈과 인터페이스를 통해 제품의 전체 기능을 구성하게 된다. 모듈화란 '이러한 모듈을 구성하고, 기본 모듈base module과 선택 모듈option module을 구분하는 작업'(그림 6-6 참조)이며 이를 통해 공용성commonality과 차별성differentiation을 구분 짓게 된다. 플랫폼이란 '서로 연관성 있는 제품을 개발/출시하기 위한 공용 요소, 모듈, 서브시스템 등의 모음'이라고 간단하게 정의할 수 있다. 이러한 정의는 '제품군이 공유하는 요소를 포함한 프로세스, 지식, 조직 및 플랫폼 각 요소 간의 기계적, 전기적 또는 소프트웨어적인 인터페이스 규칙에 대한 구조적인 정의'로 확장될 수 있다.

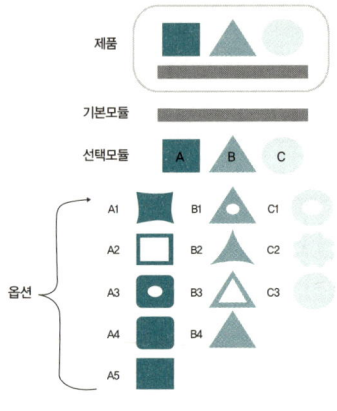

그림 6-6 모듈화 (출처: 액센츄어, 2010)

플랫폼과 모듈화에 대한 이해

플랫폼을 활용한 제품군의 구성

먼저 플랫폼으로부터 제품군을 구성하는 방법은 크게 모듈 기반 module-based 제품군과 규모 기반 scale-based 제품군 두 가지로 분류할 수 있다.

모듈 기반 제품군

모듈 기반이란 플랫폼으로부터 하나 또는 둘 이상의 모듈을 추가, 제거, 치환하여 제품을 구성하는 방법이다. 이것이 바로 모듈화를 이용한 방법으로 제품 설계에 가장 널리 알려지고 또한 많이 활용되는 방법이다. 이 방법을 통하면 플랫폼을 기준으로 구성 모듈을 추가하거나 제거하고 특정 모듈을 업그레이드하거나 다운그레이드하여 손쉽게 새로운 제품을 만들어낼 수 있다.

모듈화를 통한 제품 설계는 먼저 제품에서 대표적인 기능적 요소들을 구분하고 이러한 기능적 요소들에 해당하는 물리적 모듈을 정의하는 것에서부터 시작된다. 기능적 요소에 대응하기 위한 물리적 모듈은 일반적으로 일대일의 관계이나, 때에 따라 여러 개로 나뉘는 경우도 있다. 이렇게 만들어진 모듈 중 공통 모듈을 모아 플랫폼의 기본 모듈을 생성한다. 다른 물리적 모듈들은 선택 모듈이 된다. 모듈 정의만으로 플랫폼 생성이 끝나는 것이 아니고, 기본 모듈을 바탕으로 선택모듈 추가, 제거 또는 치환 작업에 대한 제약조건이나 선후관계에 대한 정의가 필요하다. 이것이 바로 모듈 간 인터페이스 표준화이며, 이를 통해 비로소 플랫폼이 완성된다. 유럽의 커피메이커 제조사인 브라운Braun은 모듈화 제품 개발을 통해 기본 모델로부터 정수 기능, 자동차단, 디지털시계 등의 옵션을 추가된 다양한 제품을 출시중이다(그림 6-7 참조).

KF590 KF570 KF560 KF520
디지털 시계 기능 자동 차단 기능 정수 기능 기본 모델

그림 6-7 브라운 커피메이커 (출처: 브라운, 2010)

이러한 모듈화는 공급망 관점에서 본다면, 수요와 공급 간에 발생하는 충돌을 해결한다. 알려진 바와 같이 수요 쪽은 항상 더 복잡하고 새로운 제품을 요구하는 데 반해 공급 쪽은 단순함을 추구한다. 이러한 상반되는 입장을 완화해주는 도구로 모듈화를 사용할 수 있다.

실제로 우리가 일상에서 쉽게 접할 수 있는 자동차 구매의 경우를 생각해 보자. 보통 자동차를 구매할 때는 차종과 배기량, 미션을 선택한 뒤 옵션을 선택하게 된다. 자동차 옵션에는 선루프, 에어백, ABS, 후방카메라, 에어컨, 알루미늄 휠, 가죽 시트 등 다양한 선택사양들로 구성되어 있다. 이러한 수백 개의 옵션을 모두 하나씩 고객에게 선택하도록 한다면, 이를 공급하는 메이커 입장에서도 어렵고, 고객 입장에서는 옵션 간의 제약조건도 파악해야 하고 용어 설명이 있어도 이해하기 쉽지 않은 각종 첨단 기능 등에 대해 수백 가지 옵션을 일일이 선택하는 일은 더욱 어려운 일이 된다. 그래서 자동차 메이커들은 모듈화를 적극 도입하여, 여러 가지 기본 옵션과 선택 옵션을 기능적으로 조화가 잘 되도록 적절하게 조합하고 모듈화 시켜 패키지를 만든다. 그리고 기본형, 고급형, 최고급형 등으로 구분하여 고객의 선택을 손쉽게 하면서 공급업체 입장에서도 생산에 유연하게 대응할 수 있게 하고 있다(그림 6-8 참조).

```
[점점 복잡해지는        모듈화        단순해지고 싶은
 수요 측 요구사항]    [제품구조]    [공급 측 요구사항]
```

- 소비자의 다양한 요구
  - 원하는 기능의 강력한 제품
  - 신제품을 빨리 받고 싶은 마음
  - 적정한 가격의 제품
- 제조원가를 낮추기 위한 노력
  - 단납기, 적은 작업변경
  - 짧은 안정화 기간, 적은 생산량의 변화
  - 높은 공용성
  - 낮은 재공 및 재고
  - 대량 구매를 통한 원가 절감

그림 6-8 수요 측과 공급 측의 요구사항 충돌 (출처: 액센츄어, 2010)

모듈화를 통한 제품 설계에서 얻을 수 있는 장점은 무엇일까? 먼저 제품의 개발 및 제조 리드타임의 단축을 들 수 있다. 이는 손쉬운 업그레이드나 파생품을 만들어낼 수 있어 변화하는 시장의 요구에 빠르게 대응할 수 있게 해준다. 물론 플랫폼 기반이 갖춰진 상태에서의 얘기다. 모듈화에 기초한 생산 방식은 재공work in process의 감소 효과를 볼 수 있으며, 여기에 부수적으로 자동화 생산, 유지보수비 및 물류비 등의 절감 효과를 볼 수 있다. 또한 모듈화는 많은 기업이 관심을 두는 아웃소싱을 가능하게 해준다. 아웃소싱을 위해서는 명확한 인터페이스의 표준화가 선행되어야 한다. 일반적으로 제조원가는 감축 노력을 하지 않으면 시간이 지남에 따라 증가하게 되고 지속적인 노력을 통해 어느 정도 감소의 효과는 얻을 수 있다. 하지만 모듈화를 통해서는 기존의 제조원가 감축 노력을 통해 얻을 수 있는 것과는 차별화된 완전히 새로운 제조원가 기준선 설정(그림 6-9 참조)이 가능할 수 있다.

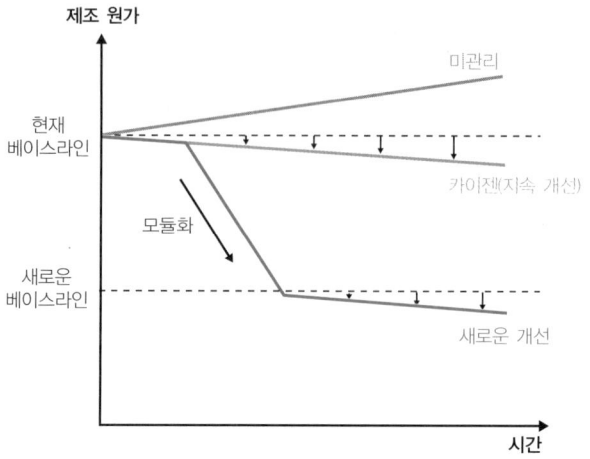

그림 6-9 새로운 가격 기준선 (출처: 액센츄어, 2010)

규모 기반 제품군

규모 기반이란 플랫폼으로부터 한 방향 또는 여러 방향으로 크기를 줄이거나 늘려서 제품을 구성하는 방법이다. 즉, 제품의 크기에 따른 시장의 요구에 대해 제품을 같은 방향scale 또는 한 방향stretch으로 크기를 조정할 수 있도록 플랫폼을 만들어 제품군을 구성하는 방법이다.

대표적인 예로 보잉의 여객기 제품군을 들 수 있다. 보잉737의 경우 제품군별로 한 방향의 크기 조정을 통해 제품을 구성하고 있다. 그림 6-10에서 보듯 최근의 차세대 보잉737 제품군을 보면 각 비행기들(600, 700, 800, 900 모델)의 날개 폭이나 동체 높이는 제품 간에 동일하지만, 동체 길이는 각각 다름을 알 수 있다. 바로 이 동체 길이가 제품을 구분 짓는 특징이 된다. 시장에서는 항속거리나 화물 적재량 등 다양한 요구가 있다.

보잉은 바로 이러한 시장 요구를 동일한 플랫폼 내에서 크기가 다른 제품을 구성하여 대응하고 있다. 이는 최신 모델(보잉787 등)에도 적용될 것이라고 알려져 있다.

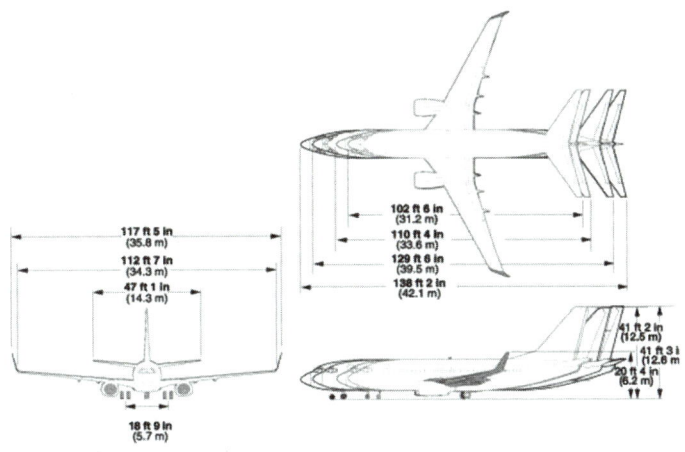

737-600/-700/-800/-900ER 4개 기종의 날개 폭과 동체 높이는 같으나 길이가 다르다.

그림 6-10 차세대 보잉737 제품군 (출처: 액센츄어, 2010)

플랫폼/모듈화에 접근하는 방법

플랫폼 기반의 제품 개발/생산에 접근하는 방법은 다음과 같이 두 가지로 분류할 수 있다.

톱다운 접근 방법

제품 개발 초기부터 플랫폼을 먼저 개발하고 이를 중심으로 모듈 기반 또는 규모 기반의 파생품을 개발/제조하는 방법이다. 제품 개발에 앞서 플랫폼 운영에 대한 전략을 수립하고 플랫폼을 개발한 후 이를 중심으로 다양한 제품들을 출시한다. 그림 6-11에서 보듯 폭스바겐

Volkswagen의 경우 소형차 생산을 위한 PQ35 플랫폼을 개발하여, 빠르게 변화하는 소형차 시장의 다양한 요구사항에 효과적으로 대응하고 있다.

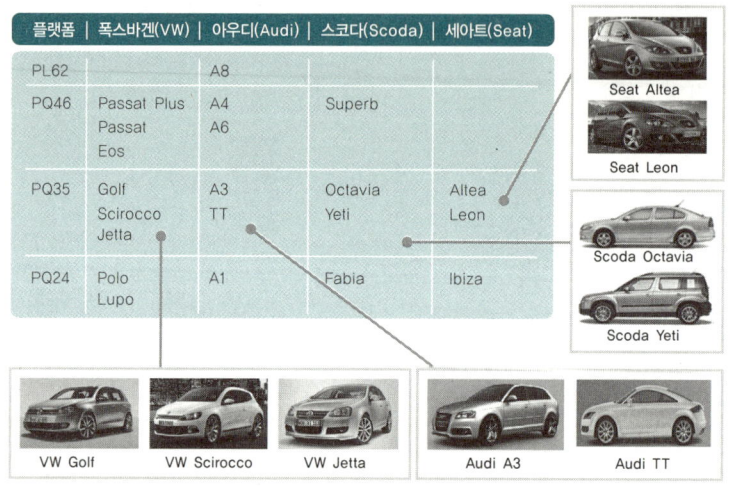

그림 6-11 폭스바겐 PQ35-플랫폼 (출처: 폭스바겐, 아우디, 스코다, 세아트, 위키피디아, 2010)

보텀업 접근 방법

기존에 개발된 제품군이 존재할 경우, 제품 요소의 표준화, 통합화, 모듈화를 위한 재설계를 통해 플랫폼을 생성해가는 접근 방법으로, 초기에는 플랫폼을 적용하는 전략이 없었다가 다양한 제품군에서 공통 요소들을 추출하고 이를 모듈화하여 점진적으로 플랫폼화 하는 전략이다.

그림 6-12에서 보듯 블랙앤드데커Black&Decker의 경우 기존 전동 공구에 사용되던 모터를 표준화하여 범용 모터 플랫폼universal motor platform을 만들었다. 플랫폼 사용 전에는 122개의 기본 공구와 수백 개의 파생품이 있었다. 이것을 하나의 범용 모터 플랫폼에서 단 두 가지의 변수, 즉 적층 길이와 구리선을 감는 양을 변화시켜 모든 전동 공구에 대응하는 모터를 생산하고 있다. 이를 통해 재료비 54%, 인건비 18%, 가공비 62%를 감소시킬 수 있었다.

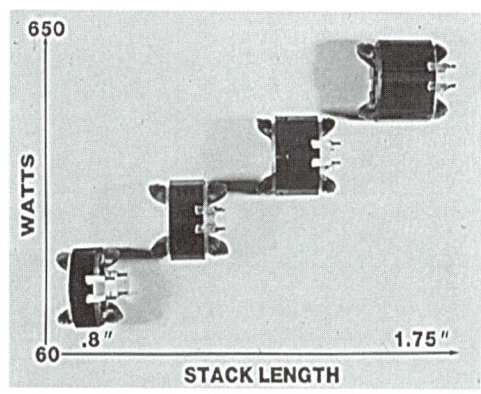

그림 6-12 블랙앤드데커 범용 모터 플랫폼 (출처: Timothy Simpson, 2004)

플랫폼 확산 전략

무확산 전략

무확산 전략은 플랫폼 없이 개발되는 것을 의미한다. 장점으로는 타깃 세그먼트에 최적화된 제품을 개발할 수 있다는 것이다. 하지만 몇 가지 단점이 존재하는데 우선 서로 다른 R&D팀에서 중복으로 개발할 가능성이 높다는 것이다. 그리고 다양한 제품을 개발해야 하는 경우 투자 금액이 상대적으로 높아지고 제조 방법이 개선되더라도 다른 부문에 적용되지 못한다(그림 6-13참조).

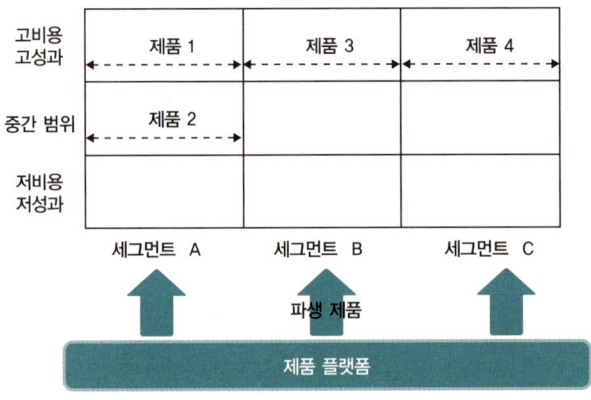

그림 6-13 무확산 전략 (출처: Meyer, 1997)

수평적 확산 전략

서로 다른 세그먼트에 대해 서브시스템이나 제조 프로세스를 유사한 등급에 대해 수평적으로 확산하는 방식으로 새로운 발명 없이 시리즈나 유사 제품을 서로 다른 사용자에게 효과적으로 제공할 수 있고, 구매와 가공비용을 줄일 수 있다는 장점이 있다(그림 6-14 참조). 또한 사용된 기술이 다른 시장에서 이미 검증된 경우 빠르게 개발하고 적용할 수 있다.

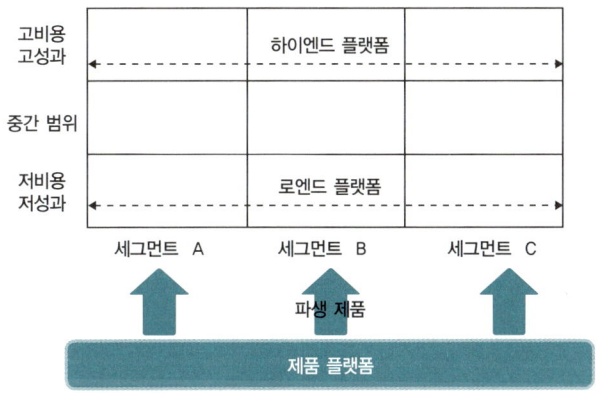

그림 6-14 수평적 확산 전략 (출처: Meyer, 1997)

수직적 확산 전략

같은 세그먼트에서 서로 다른 등급에 걸쳐 수직적으로 서브시스템과 제조 프로세스의 성능을 늘리거나 줄이는 것을 의미하는데, 수평적 확산과 같이 제품을 보다 적은 비용으로 개발할 수 있고 주어진 시장에서 소비자의 요구에 대한 지식을 활용하여 기능을 추가하거나 제거하고, 성능을 높이거나 줄일 수 있다. 하지만 같은 플랫폼의 저급 제품의 성능이나 이미지로 인해 제품군 전체의 경쟁력을 약화시킬 수 있다는 단점이 있다.

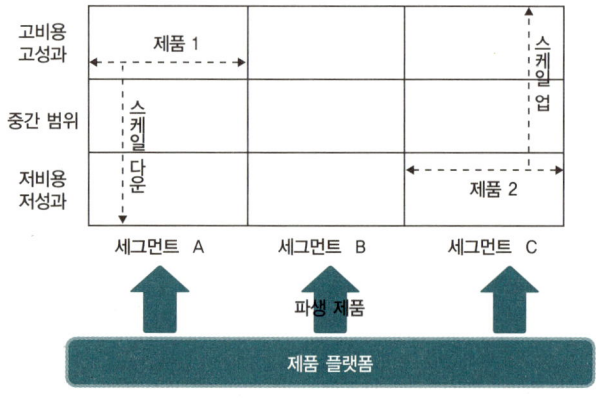

그림 6-15 수직적 확산 전략 (출처: Meyer, 1997)

거점 확산 전략

거점 확산은 수평적, 수직적 확산을 조화시킨 방법으로 두 가지 방법과 마찬가지로 제품을 보다 적은 비용으로 개발할 수 있지만, 수직적 확산과 마찬가지로 같은 플랫폼의 저급 제품이 제품군 전체의 경쟁력을 약화시킬 수 있다. 주요 과정은 다음과 같다.

- 저비용의 효율적인 프로세스와 효과적인 플랫폼을 개발하여 거점을 확보한다.
- 저비용으로 플랫폼의 성능을 높여 중간 및 고급 사용자의 요구에 대응한다.
- 다른 세그먼트 사용자를 위해 플랫폼을 수평적으로 확산한다.
- 확산 및 성능 개선을 통해 다른 세그먼트의 중간 및 고급 사용자의 요구에 대응한다.

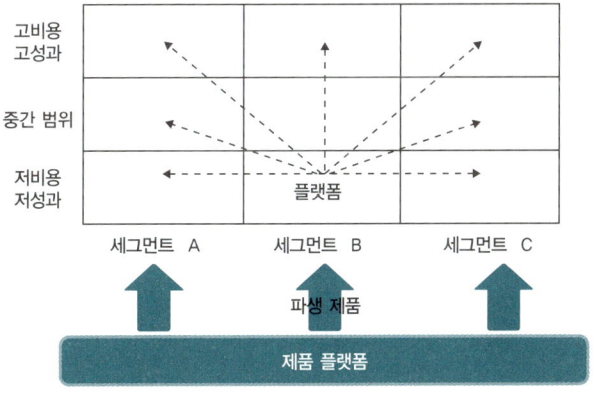

그림 6-16 거점 확산 전략 (출처: Meyer, 1997)

플랫폼 활용의 고려사항

새로운 개념이나 방법 등을 도입하게 되면 예상치 않았던 문제가 발생하기 마련이다. 플랫폼의 활용 또한 예외는 아니다.

플랫폼 활용을 통해 설계 시간의 단축, 신제품 설계에 따른 리스크나 비용 감소, 제조 및 가공 절차의 표준화, 시장의 요구 변화에 대한 손쉽고 빠른 대응 등 다양한 효과를 기대할 수 있는 반면, 플랫폼 활용으로 인한 부수적인 단점들도 간과할 수 없다. 이제부터 플랫폼 적용으로 인한 문제점들과 이에 대한 대응 전략을 살펴보도록 하겠다.

하나의 플랫폼에서는 여러 가지 제품들이 파생되며, 플랫폼은 이러한 파생품을 고려해서 만들어진다. 파생품들의 어머니 격인 플랫폼 설계 시 파생품에 필요한 공통적인 요소들이 고려되어야 하며 제품 하나의 관점에서 볼 때 필요하지 않은 기능이나 기술이 공용성 측면에서 포함되어야 하는 경우가 있다. 이와 같은 경우 동일 플랫폼을 사용하는 제품군에서의 높은 공용화 탓에 개별 제품의 경쟁력이 약해지는 경우가 발생하기도 한다. 또한, 동일한 플랫폼을 사용하는 제품군이 고급 제품과 저급 제품으로 나뉠 때 저급 제품 때문에 고급 제품에 대한 이미지가 손상될 수 있고, 수명이 긴 제품의 경우 플랫폼이 제품 혁신을 가로막는 걸림돌이 될 수도 있다. 플랫폼 사용에 대한 문제점에 대해 좀 더 심도 있게 다뤄보자.

공용성

플랫폼이나 제품군을 특징짓는 특성 중 하나가 공용화이다. 공용화의 이점은 플랫폼/모듈화의 이점과도 일맥상통한다. 즉 제품 개발의 복잡성이 줄어듦에 따라 개발 리드타임이나 제조에서의 셋업 및 가공 시간이 단축되고, 요소 및 부품의 재고 수준도 감소되며, 이와 관련된 테스트나 품질 평가 시간 또한 감소된다. 하지만, 공용화 정도가 높아짐에 따라 제품 간의 차별성 부족, 제품의 혁신성이나 창의성 감소, 그리고 제품 성능에 대한 양보 등의 문제가 발생하기도 한다. 즉 공용화를 위한 설계를 통해 만들어진 제품과 하나의 목표를 위해 최적화된 설계를 통해 만들어진 제품 사이에는 성능 차가 존재할 수밖에 없다(그림 6-17 참조). 플랫폼 설계의 목표는 공용화 수준을 높이는 것과 동시에 제품의 차별성을 위한 공간을 확보하는 두 마리 토끼를 잡는 방향으로 설정되어야 한다. 이 두 방향의 목표를 확보하는 제품이 시장에서 승자로 남게 된다.

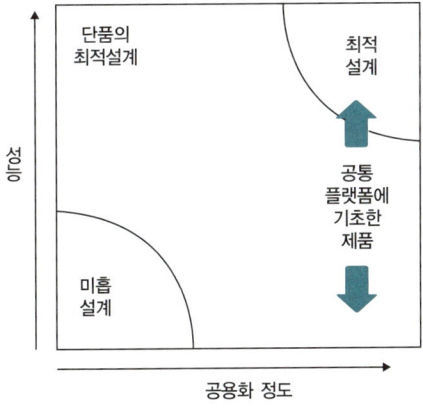

그림 6-17 공용화 정도와 성능 비교 (출처: Timothy Simpson & Olivier de Weck, 2004)

자기잠식

동일 플랫폼을 이용한 제품군에서 각각의 제품은 차별화된 특성을 유지하기 어렵다. 동일 플랫폼을 사용한 고급 제품의 경우 동일한 플랫폼을 사용한 저급 제품의 자기잠식cannibalization의 영향을 받게 된다. 소비자들은 동일 플랫폼으로 제작되는 제품에 대한 정보를 잘 알고 있다. 자동차의 경우 폭스바겐과 아우디, 도요타와 렉서스에서 그 사례를 찾아볼 수 있다. 이들은 다른 브랜드의 차별화된 사양의 차량으로 판매하지만 플랫폼 자체는 동일하다. 렉서스 ES350 모델의 경우 값비싼 캠리라는 인식을 불식시켜야 한다. 이처럼 동일한 플랫폼을 사용한 제품은 경쟁사 제품뿐만 아니라 동일 플랫폼 내의 다른 제품과도 경쟁해야 하는 상황에 직면한다.

그림 6-18 도요타 캠리와 렉서스 ES350 (출처: 도요타, 렉서스, 2010)

플랫폼 수명주기

플랫폼을 활용하여 제품 개발을 할 때, 플랫폼 자체의 개발에는 일반적인 제품 개발보다 더 많은 리소스를 사용하게 된다. 또한 한번 만들어진 플랫폼은 가능한 한 많이 활용되어야 하기 때문에 확장 가능성이 극대화되도록 설계된다. 이런 이유로 플랫폼 개발에 투자할 때는 반복적인 재사용에 대한 압력을 받는 것이 당연하다. 하지만, 반복 사용에 대한 압력으로 시대에 뒤떨어진 플랫폼을 사용하게 되면, 이는 제품 혁신의 장벽이 되는 문제를 야기시키기도 한다. 기업은 제품 수명주기에 대한 운영 전략을 가지고 있는 것과 마찬가지로 플랫폼 수명주기에 대한 운영 전략을 고민해야만 한다.

통상 하나의 플랫폼에서 복수의 제품 개발을 수행하게 되는데, 개발된 제품 하나가 시장에 출시된 이후 고객 니즈와 시장 트렌드 변화가 생기면, 해당 제품에 대해 지속적인 영업 활동과 개선을 위한 자체적인 유지보수 노력을 기울일지에 대해 검토가 필요하게 되는데 이것이 단종 결정 프로세스이다. 이렇게 동일 플랫폼으로부터 개발된 제품이 하나씩 점차적으로 모두 단종되면 해당 플랫폼은 완전히 단종되는 것이다. 물론 서비스 입장에선 단종된 제품이라 하더라도 단종 부품 수급이나 A/S를 원활히 지원할 수 있는 체계는 별도로 갖추어야 한다.

기업 입장에서 보면 제품과 플랫폼에 대한 단종을 결정하기는 쉬운 일이 아니다. 영업 활동 측면에서 보자면, 아무리 유행이 뒤처진 제품이다 하더라도 다양한 제품에 대한 구색을 갖추고, 단 한 명의 고객이라도 더 확보하고자 하는 경우가 많다. 반면 R&D나 자재 조달, 생산 운영 측면에서 보자면, 유행이 지났거나 시장 규모가 작아진 다양한 제품과 플랫폼을 지속 가능하게 운영하는 것은 그만큼 많은 노력이 들어가는 일이므로, 기업 내에서 단종에 대한 기준이나 절차가 시장 논리와 운영 효율 측면을 고려하여 정교하게 만들고 이를 지속적으로 개선해나가는 노력이 무엇보다도 중요하다.

실제로 이 장 사례에서 언급한 타이어 업체의 경우에도 단종에 대한 기준을 수립하기 위해 제품별 매출 규모를 분석해본 결과, 전체 영업 카탈로그상에 공급하는 타이어 모델 수의 약 30% 정도가 전체 매출의 90%를 차지하고 있었고, 나머지 70%가 고작 10%의 매출 비중을 차지하고 있었다. 이런 상황에서 70%에 해당하는 모델에 계속 많은 노력을 기울이는 것은 상당한 자원의 낭비다. 따라서 선택과 집중을 통해 단종 전략을 수립하여 상당수의 제품과 플랫폼을 단종하였다. 그리하여 이를 통해 얻게 된 잉여 자원을 활용해 신제품 개발 능력과 생산 운영상 효율 향상을 도모하고 있다.

단종에 대한 기준은 시장 및 환경 상황과 제품 전략에 따라 다르겠지만, 기업 내부적으로는 제품 모델별 연간 전체 매출액에서 차지하는 비중, 수주 횟수, 수주 물량 분석 등을 통해 마련될 수 있다.

플랫폼 확장

플랫폼 확장platform extend은 앞에서 다룬 공용성의 문제와도 관련이 있다. 하나의 플랫폼으로 모든 제품에 대응하기는 현실적으로 불가능하다. 물론 모듈화하고 크기를 조정하여 대응한다면 불가능한 것은 아니지만, 그런 제품이 시장에서 경쟁력이 있을지는 의문이다. 앞에서 언급된 무확산 전략의 전문화된 플랫폼처럼 제품 하나만을 놓고 생각해본다면, 타깃 세그먼트에 최적화된 제품이 가장 좋은 성능을 낼 것이다. 하지만 가격 문제도 생각해봐야 한다. 가격 면에서는 여러 플랫폼에서 생산된 제품군보다 하나의 플랫폼에서 생산된 제품군이 유리할 것이다. 결국 성능과 가격의 최적화된 접점을 찾아야 하며, 그래서 필요한 것이 바로 멀티 플랫폼 전략이다.

멀티 플랫폼 전략이란 하나의 플랫폼이 커버할 수 있는 마켓 세그먼트 영역을 정하고 각 영역을 커버할 수 있는 여러 개의 플랫폼을 운영하는 방식이다. 멀티 플랫폼 운영을 위해서는 단순히 성능, 가격의 문제뿐만 아니라 제품의 구조, 시장 요구, 제조비용, 설비투자 등 여러 가지 변수를 고려하여 각 기업/제품에 맞는 플랫폼 운영 전략을 수립해야 한다.

모듈화 방법론

지금까지 플랫폼 모듈화의 장단점에 대해 알아보았다. 여기서는 실행 관점에서 어떻게 모듈화를 잘 수행할 수 있을지 살펴보고자 한다. 액센츄어는 글로벌 선진 기업에서의 플랫폼 모듈화 프로젝트 경험을 바탕으로 다음과 같은 5가지 단계로 모듈화 방법론product modularization methodology을 정의하고 있다(그림 6-19 참조).

1단계는 기업이 추구하는 비즈니스 전략을 고객 요구에 일치시키는 것이다. 비즈니스 전략과 연계된 부문별 운영 전략이 있고, 사업부문별 운영 KPI가 존재한다. 이러한 KPI를 달성하기 위한 마켓 세분화와 타깃팅targeting을 통해 세그먼트별 고객 요구사항을 정의하고, 타깃 포트폴리오를 구성하여 모듈화의 핵심 동인key driver을 정의한다.

2단계는 기술적 해결책technical solution을 정의하는 단계로 기능 요구사항functional requirements를 도출하고 제품 사양을 정의한다. 이 단계에서 플랫폼으로 활용될 기본 모듈의 구조 설계가 이루어지고, 선택 모듈에 대한 정의와 인터페이스를 표준화하며, 기술적 해결책에 대한 분석이 이루어지고 적절한 솔루션이 검토된다.

3단계는 모듈화 콘셉트를 구성하는 단계이다. 모듈을 검토하고, 기술적 해결책을 조합하여 통합안을 구성하고, 이를 통하여 모듈화 콘셉트의 초안을 구성한다.

4단계는 3단계서 구성된 모듈화 콘셉트를 바탕으로 공급망 상의 효과에 대해 분석한다. 이 단계에서는 각 제품 구조 측면에서의 모듈 간 인터페이스와 영업-설계-생산-구매-A/S에 이르는 전 공급망에 대한 상호 연관성을 분석하고, 조달 방법(make 혹은 buy 중에서도)을 검토하여, 공급망상의 효과를 종합적으로 평가한다.

마지막 5난계는 모듈 최적화 단계이다. 가치 공학value engineering을 적용하고, 제조를 위한 설계design for manufacturing, 서비스를 위한 설계design for serviceability, 환경을 위한 설계design for environment 등을 고려하여 최적의 모듈을 설계한다.

국내 기업에 대한 시사점

지금까지 기업 환경 변화와 이에 대한 대응으로서 플랫폼/모듈화 도입과 활용의 장단점 및 접근 전략, 그리고 액센츄어의 모듈화 방법론에 대해 살펴보았다. 이러한 플랫폼/모듈화를 활용하여 고성과 기업이 되기 위해 국내 기업들이 고려해야 할 핵심 사항들은 다음과 같다.

먼저, 각 기업의 실정에 맞는 플랫폼 전략을 세워야 한다. 세계적으로 플랫폼을 활용해서 성공을 거두는 글로벌 기업들이 많이 있는데

1. 비즈니스 전략과 고객 요구사항간 일관성 유지
   a) 전략 가이드라인 & KPI 정의
   b) 세그먼트 및 타깃 정의
   c) 고객 요구사항 정의(세그먼트별)
   d) 타깃 포트폴리오 정의
   e) 모듈 핵심 동인 정의

2. 기술적 해결책 선택
   a) 기능 요구 구분
   b) 제품 스펙 정의
   c) Generic 제품 구조, 파생품 규칙 정의
   d) 기술적 해결책 분석
   e) 기술적 해결책 선택

3. 모듈화 콘셉트 구성
   a) 기능 모듈 구분
   b) 기술적 해결책 통합
   c) 콘셉트 최적 구성

4. 모듈화 콘셉트 및 가치사슬 효과 분석
   a) 인터페이스 분석
   b) 콘셉트 평가
   c) 조달 방법(Make/buy) 고려
   d) 가치사슬 효과 평가

5. 모듈 최적화
   a) 가치공학(Value Engineering) 적용
   b) 제조를 위한 설계(DFM)/ (DFA) 적용
   c) 서비스를 위한 설계(DFS) 적용
   d) 환경을 위한 설계(DFE) 적용

그림 6-19 액센츄어의 모듈화 방법론 (출처: 액센츄어, 2010)

보통 플랫폼이나 제품 그 자체에 주목하는 경우가 많다. 하지만, 우리가 주목해야 할 것은 이러한 성공을 있게 한 플랫폼의 도입 방식과 활용 전략이다. 초기 플랫폼 기반의 제품 개발 전략을 수립하여 실행하는 것뿐만 아니라, 이렇게 개발된 플랫폼을 지속적이고 효과적으로 운영하기 위해서는 고려해야 할 점들이 많다. 공급망 관점에서만 보더라도 몇 개의 플랫폼을 어떻게 활용하느냐에 따라 생산, 물류 전략 등을 수정해야 하는 경우가 발생하기도 한다. 기업의 전사적 전략에 연계된 플랫폼 전략을 실정에 맞게 조정해야 한다.

다음으로, 초기 플랫폼/모듈화를 통해 제품을 개발한 이후 지속적인 플랫폼의 성능 개선 활동이 이루어져야 한다. 특정 요구사항을 지금 당장 플랫폼에 넣기에 어려울 수 있지만, 시간이 지나면서 특정 요구사항에 대한 니즈가 증가하여 플랫폼에 반영되어야 할 수도 있다. 이와 같은 일련의 과정을 비정규 사양의 플랫폼 정규화 작업이라 하며, 이를 위한 기준(반년, 또는 1년 주기로 특정 수요 이상으로 발생하는 요구사항에 대한 정규화 작업을 수행)을 수립하고, 지속적으로 관리할 필요가 있다. 이러한 정규화 작업은 유연성과 확장성을 염두에 두고 장기적인 관점에서 수행되어야 한다.

마지막으로 전략에 따라 플랫폼을 구성하여 운영할 때 주기적인 리뷰를 통해 구성 또는 운영 중인 플랫폼의 단종 여부를 판단해야 한다. 이 플랫폼이 우리 회사의 처음이자 마지막 플랫폼이라는 극단적인 생각은 버려야 한다. 플랫폼 개발에 들어간 노력을 생각하면, 플랫폼을 단종시키는 결정은 쉽지 않다. 하지만 이러한 애정은 다음 플랫폼 개발에 쏟고, 단종은 선택과 집중이라는 단순한 경제논리로 과감히 실행에 옮겨야 한다. 플랫폼의 생성, 관리 못지않게 단종 또한 제품 개발 전략에 중요한 요소이다.

도요타자동차의 PPA

도요타자동차는 상당한 규모의 부품/공법을 표준화/공용화하여 이를 신차 개발에 지속적으로 적용한다.

즉, PPA_{Production Pull Ahead}를 통해 검증된 표준 부품에 대해 재검증 과정을 없애 신차 개발 리드타임을 단축하고 부품 공용화를 촉진하고 있다. 부품 공용화율을 높이기 위한 전략을 바탕으로 신차 개발 시 이전 차종에 적용된 검증된 부품을 사용하도록 유도하며, 신규 부품 사용을 가급적 제한한다.

차체	내장
Steel Thickness Hemming Process / Flange heights Stamping / Draw Specifications Rigidity Points Hinges / Hinge points (Locating) Welding Points / Qty of Welds Location methods / Datum Points Structural Areas / Impact crumple zones Floor Pan / Front / Rear / Underbody structures Hole sizes for clips and attaching methods Braces / Body Assembled parts Fasteners / Sizes Assembly Methods / Tools Drain Holes Qty / Location	Materials / Plastics / Headliners / Seat Covers / Carpets Attachment methods / Clips / Datums Steering Wheels / I/P components / I/P Braces / I/P structure Seat Frames / Seat Rails / Attachment methods / Locating / Datum Points Handles / Bezels / Arm Rest / Compartments / Consoles / Overhead lighting Seat Belts / Attachment methods / Materials / D-Rings Assist Grips / Coat Hooks / Attaching Methods Side Shield A/B curtains Headliner Duct Design / Attachment methods Gaps / Fitting Specs / Clearance Standards / Etc. Graining / Color Fasteners / Clips / Attachment methods / Datum Points Assembly Methods / Tools Air Bags / Steering Wheel / I/P, Etc.
섀시	외장
Frame Designs Engine Mounting Dampers Exhaust Brakes / Rotors / Calipers / Materials Systems / Booster / Reservoir / Connectors Materials / Steel / Weld methods (Specs) Steering Components / Rack & Pinion / Steering column Mounting methods / Datum Points Fasteners / Sizes Sway Bars / Suspension / Struts / Shocks Engines / Transmissions Torque Converter / Design / Size Body Mounting Methods / Location / Fasteners Coatings / Specifications Assembly Methods / Tools	Locks / Door Frame Designs / Attachment Points / Fasteners Materials / Moldings / Plastics / Chroming / Color / Grain Outside Handles / Actuators / Linkages / Locks Sunroofs / Weather Strips / Weather Strip Designs Glass / Material / Specifications / Tint / Etc. Adhesives / Locator & Datum Points / Attachment methods Bulbs / Connection methods / Post Outer Mirrors / Attachment points / Datums Bumper Structures / Materials / Locating methods / Datums Clips / Fasteners / Sizes Assembly Methods / Tools Regulators / Specifications
페인트 / Sealers / Primers	전장
Materials / Flows / Thickness / Patterns / Nozzles / Etc. Temperatures / Time / Hardness / Colors / Textures / Finish Corrosion Specifications / Testing / Process Methods / Tools	Connectors / Seat Heaters / I/P Routing / Engine Routing / Size / Clips A/B and Safety connections / Methods / Specifications / Routing Junction Boxes / CPU's / Fuel Systems / Controllers / Relays / Lighting / Amps Conduit / Tape / Etc. Motors / Blowers / Switches / Pwr Dr lock design / Illumination Specifications / Materials / Grounding / Plugs or Outlets / Mounting points Assembly methods / Tools

그림 6-20 도요타자동차의 캐리오버 부품들 (출처: 액센츄어, 2010)

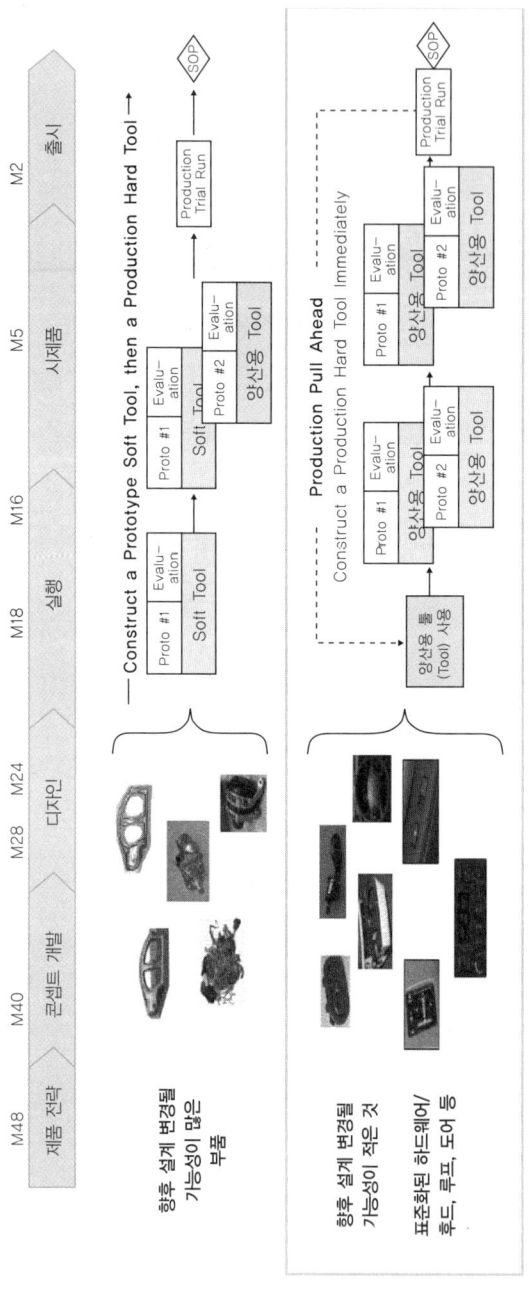

그림 6-21 도요타자동차의 PPA (출처: 엑센츄어, 2008)

노키아의 핸드셋 플랫폼

노키아는 현재 3개(S40, S60, Maemo)의 플랫폼으로 모든 핸드셋 모델을 개발하고 있다.

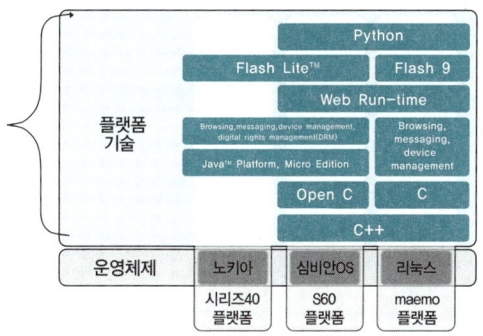

그림 6-22 노키아의 플랫폼 기술 (출처: 노키아, 2008)

노키아의 플랫폼은 핸드셋의 하드웨어와 이를 지원하는 소프트웨어로 구분할 수 있다. 이 중 소프트웨어는 운영체제OS 부문, 플랫폼 적용adaptation 부문, 기본 애플리케이션native application 부문, 커스터마이즈드 애플리케이션customized application, 서드파티 애플리케이션3rd party application으로 다시 세분화할 수 있다. 새로운 모델 개발 시 기본 애플리케이션의 수정과 서드파티 애플리케이션의 통합을 위해서는 플랫폼의 1~2% 정도만 수정이 필요하다. 따라서 플랫폼의 완성도는 새로운 모델을 제품화하더라도 떨어지지 않는다. 현지화를 위한 언어 추가나 통신망 구성은 플랫폼 단계에서 이루어지기 때문에 결과적으로 요구되는 기능의 90% 이상을 플랫폼이 지원하고 나머지 10% 미만이 개별 모델에 특화된 기능을 얻기 위해 수정된다. 이러한 플랫폼 전략으로 인해 노키아는 신제품 개발의 복잡도를 낮춰 빠른 시장 대응이 가능하게 되었다.

콘티넨탈 타이어의 플랫폼 엔지니어링

자동차 타이어 제조업체인 콘티넨탈 타이어는 플랫폼 엔지니어링을 적극적으로 활용하고 있는 기업이다.

타이어 산업은 제품 특성상 자동차 업체의 다양한 요구사항 및 안전/환경 요인을 반영하여 제품의 라이프사이클이 갈수록 단축되고 있다. 이렇다 보니 갈수록 더 빠른 시간 안에 제품이 출시되어야 하며, 타이어 제조업체들을 이에 대응하기 위해 타이어 크기별로 기본 플랫폼을 갖추어 다양한 고객의 요구를 만족시키고 있다.

먼저 타이어 제품 구조에 대해 살펴보자. 타이어는 구조적으로 각종 천연고무 및 합성고무 들과 강성을 위해 필요한 직물fabric 및 철선steel wire 등의 원재료를 이용해 고무를 만들고, 이러한 고무 등을 성형이라는 공정을 통해 그린 타이어green tire 또는 그린 케이스green case라 불리는 중간 단계 반제품을 만든다. 성형 공정이 끝난 타이어는 타이어 스레드 표면에 새겨질 패턴 형상이 각인된 몰드라는 형틀에 담겨 고온/고압의 가류 공정을 거치게 되면 타이어가 완성된다.

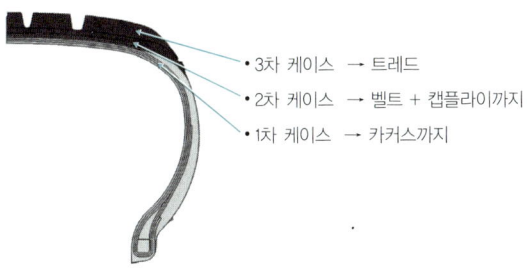

그림 6-23 타이어 플랫폼 적용을 위한 그린 케이스 플랫폼 정의 예
(출처: 액센츄어, 2010)

플랫폼 엔지니어링을 적용하기 위해 콘티넨탈 타이어는 타이어 사이즈별로 그린 케이스의 표준 모델을 정해놓고, 고객 요구사항에 대응하기 위해 다양한 형태의 트레드 부분 패턴 형상을 설계하여 제품 개발을 하고 있다. 즉 자동차로 보면 섀시chassis가 플랫폼에 해당하는데 이러한 섀시에 해당하는 그린 케이스의 성능을 지속적으로 향상시키는 별도의 플랫폼 개발 및 업그레이드 팀을 구성하였다. 이 부서는 타이어 사이즈별로 플랫폼에 대한 성능 개선 및 해당 사이즈에 공통으로 공급할 수 있는 기초 연구를 지속한다.

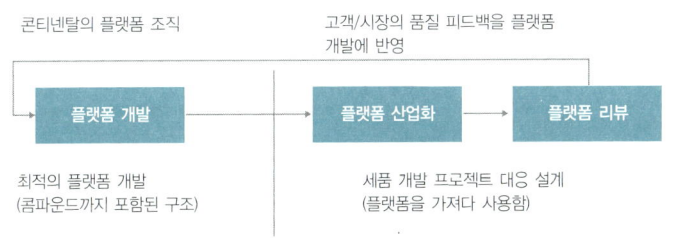

그림 6-24 콘티넨탈 플랫폼 조직 사례 (출처: 액센츄어, 2010)

신제품 개발팀에서는 플랫폼 개발팀의 해당 플랫폼을 받아 신제품 타이어 개발 시 스레드 부분의 패턴 형상을 새롭게 디자인하여 활용한다. 이렇게 신제품을 개발하면, 이미 기초가 되는 그린 케이스 부분의 성능은 보장되므로 제품 개발 기간 단축과 성능/안전에 대한 품질 확보에 큰 도움이 되어 결국 제품 개발 리드타임 단축에 커다란 효과를 얻게 된다.

7장

글로벌 R&D 운영 최적화

액센츄어 글로벌 서베이에 따르면, 고성과 기업은 회사의 글로벌 R&D 지적 자산을 전사적으로 활용하기 위해 글로벌과 로컬 간 R&D 자원 배분의 균형을 최적으로 유지하고 있으며, 배분된 자원의 관리·통제를 목적으로 전사 차원의 글로벌 R&D 프로세스와 다양한 툴을 기반으로 한 글로벌 운영 모델을 수립하여 활용하고 있다.

이러한 글로벌 운영 모델이 지역별 니즈에 부합하도록 차별화된 형태를 보이고 있다는 점에 주목할 필요가 있다. 또한, 고성과 기업은 전 세계 흩어져 있는 R&D 인적 자산을 효율적으로 활용하기 위해 R&D 인력들의 스킬과 역량을 전사 차원에서 관리하고, R&D팀 구성 시 최적의 다국적 팀원들을 선발하고 있다는 점도 인상적이다.

글로벌 R&D 네트워크가 과거 1980년대에는 현지화 지원을 목적으로 했다면, 현재는 현지 기술력 활용 측면으로 확대되고 있으며, 이를 통해 신속하게 기술을 확보함과 동시에 고객과 기술에 대한 접근성을 향상시키고 있다.

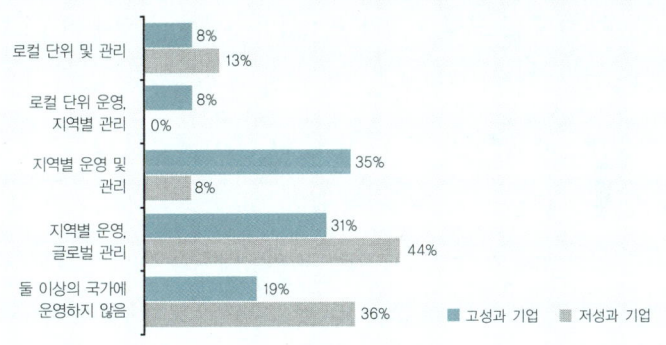

그림 7-1 글로벌 R&D 운영

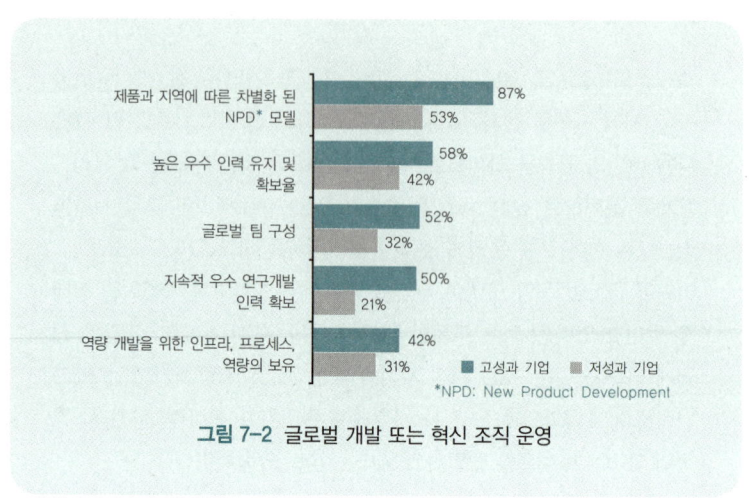

그림 7-2 글로벌 개발 또는 혁신 조직 운영

연구개발의 세계화: 글로벌 R&D 운영 전략

글로벌 R&D 운영 모델 최적화는 기업이 글로벌 마켓에서 성공하기 위해 R&D 측면에서 어떻게 본부와 지역 간 역할을 정의하고 배분하며, 어떻게 글로벌 R&D 지적 자산을 최적으로 활용할 것인가에 대한 해답을 제시해 준다. 본부와 지역 간의 역할을 정의하기 위해서는 본부와 지역 조직 간의 나타날 수 있는 차이점에 대한 이해가 필요하다.

표 7-1을 통해 본부 글로벌 조직과 지역 조직 간의 성격과 활동의 차이점을 확인할 수 있으며 거시적인 측면에서 두 조직의 장단점에 대해서도 이해할 수 있다.

	본부 글로벌 조직	지역 조직 (국가, 지역)
특징	• 공유된 조직 문화와 비전 • 다양한 지역 간의 운영과 협업 및 글로벌 본부로의 보고 • 전략적 의사결정은 한 명의 리더나 글로벌 레벨의 위원회가 담당함 • 아이디어와 시설물 및 자원들의 다양한 지역에 걸친 공유	• 특정 지역의 표준과 요구사항을 충족하기 위한 운영 • 지역 조직 내에서 지역 기능의 니즈를 고려한 의사결정이 이루어짐 • 각 지역 기능별로 스터디와 프로젝트를 독자적으로 수행함 • 타 지역의 인풋과 아웃풋으로부터 영향을 받지 않음
장점	• 다양한 지역을 아우르는 전략에 대한 의사결정권자가 분명함 • 통합 글로벌 전략과 표준들은 조직 내 Harmonization과 Compliance를 증진함 • 모든 지역 특성을 고려하여 포괄적이고 종합적인 의사결정과 글로벌 기획이 수행됨	• 지역 니즈를 고려할 수 있는 리더가 분명히 정의되어 있음 • 지역 이슈에 대해서는 빠른 의사결정과 액션이 허용됨 • 지역 전문성의 개발
단점	• 개별 국가의 비즈니스는 지역 특화된 전문성과 정체성 및 의사결정 영향력을 상실할 수 있음 • 글로벌 경영진이 지역 요구사항을 간과하거나 몰이해할 수 있음 • 느리고 복잡한 의사결정 과정 • 지역 간 문화적 차이 극복을 위한 면밀한 관리 필요	• 다양한 지역에 걸친 불필요한 활동 • 지역 기능과 본부 간 또는 지역 기능 간의 복잡한 의사소통 • 여러 레벨을 거쳐야 하는 복잡한 보고 구조 • 지역별 상이한 표준 • 글로벌 표준과 조화 미흡
주요 활동	• 글로벌 기능 전략 수립 • 글로벌 표준 적용 및 관리 • 지역의 니즈와 제안을 조정하여 글로벌 플랜 수립 • 다양한 지역에 걸친 문화적 영향과 의사소통에 대한 관리	• 글로벌 전략에 따른 기능별 업무의 실행 • 지역 요구사항과 제안사항의 글로벌 본부로의 커뮤니케이션 • 지역별 특화 기능의 전문성 개발 • 필요 시 타 지역과의 협력

표 7-1 본부 글로벌 조직과 지역 조직 간의 특성 비교 (출처: 액센츄어, 2009)

본부 주도의 글로벌 조직은 통합된 전략과 표준에 근거하여 모든 지역을 고려하는 기획이나 포괄적 의사 결정을 할 수 있지만, 상대적으로 개별 지역이나 국가에 필요한 전문성 및 요구사항들을 간과할 수 있다는 위험성을 안고 있다. 반대로 로컬 조직은 특정 지역의 니즈를 충족할 수 있는 발 빠른 의사결정과 전문성을 키울 수는 있지만, 지역별 활동에 따른 낭비의 증가와 상이한 표준 등으로 인하여 협업과 의사소통에 어려움을 겪을 수 있다는 위험성을 안고 있다. 따라서 일방적인 본부 주도의 글로벌 조직이나 무조건적인 지역별 특화 추구, 어느 것도 절대적인 해답이 될 수 없다. 결국 글로벌 R&D 조직 구성 시 두 조직의 특장점에 대한 이해를 바탕으로 각 기능 조직의 특성과 비즈니스 환경, 산업 성격 등을 면밀히 고려하여 본부와 지역 간의 R&R을 설계해야 한다. 본 장에서는 글로벌 R&D 조직 설계 시 고려할 수 있는 조직 모델 유형과 효과적인 조직 운영 전략, 그리고 당면 과제에 대해 소개한다.

글로벌 R&D 운영 모델

R&D 조직의 설계

글로벌 R&D 조직 유형은 지역이나 국가 간 조직의 통합 정도에 따라 그림 7-3과 같이 세 가지로 구분된다. 첫째, 지역이나 국가별로 완전히 독립된 운영을 담당하는 로컬형, 둘째, 기본적으로 독립된 운영을 보장하지만 상위 레벨에서 통합된 조직이 존재하는 글로벌/로컬형, 마지막으로 지역이나 국가 간 완전한 통합을 추구하는 글로벌형이 그것이다.

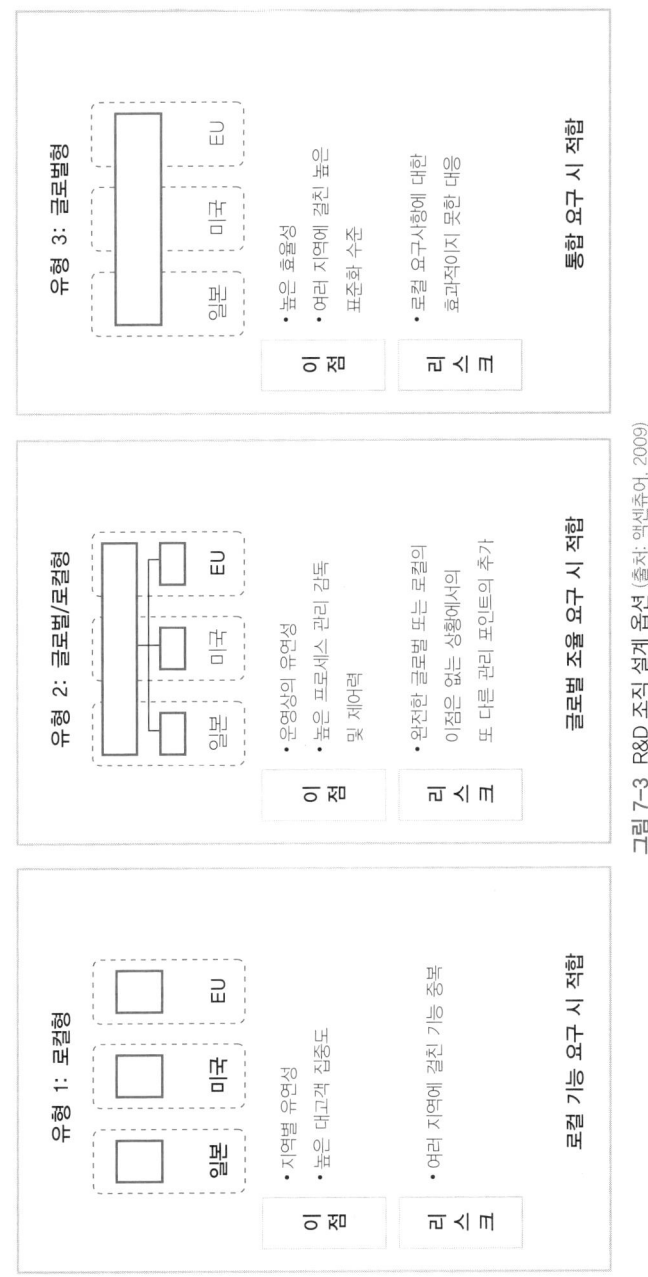

그림 7-3 R&D 조직 설계 옵션 (출처: 액센츄어, 2009)

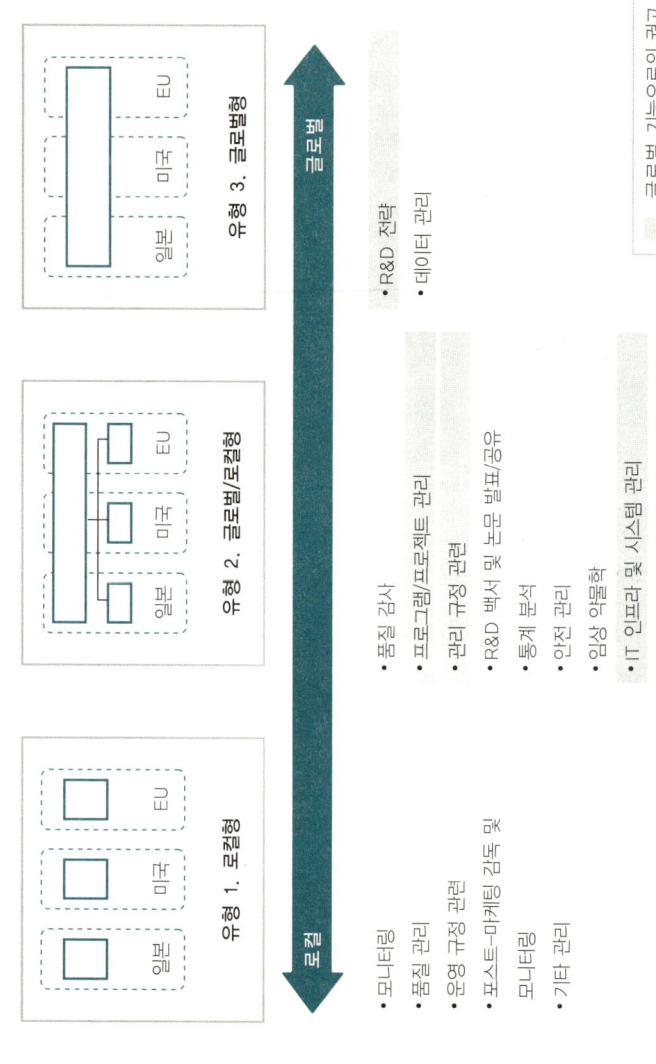

그림 7-4 조직 설계를 위한 기능별 조직 유형의 매핑 사례(제약 산업) (출처: 액센추어, 2009)

전체 R&D 조직뿐만 아니라 개발 구내나 개빌 품질 또는 기술 전략 등과 같은 R&D 단위 기능 조직 또한 앞서 언급한 세 가지 R&D 조직 유형을 매핑할 수 있다. 역시 해당 조직별 본부와 지역 조직 간의 역할 정의에 대한 이해를 바탕으로 기업의 전략에 부합되는 최적의 유형을 선택하여야 한다. 그러므로 큰 틀에서 전체 R&D 조직 유형이 결정되어도 조직별로 세부 유형은 다른 형태로 운영될 수 있다.

기능 조직 vs 매트릭스 조직 vs 팀 조직

R&D의 제품 개발 조직은 프로젝트 팀으로 운영되므로 다양한 단위 기능 조직 출신으로 구성된 팀 단위의 임시 또는 상시 조직을 구성할 필요가 있다.

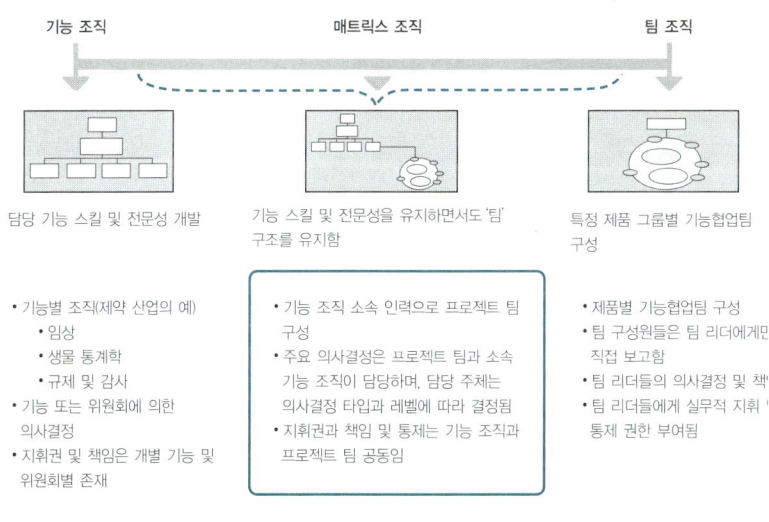

그림 7-5 제약 산업 R&D 조직의 유형 비교 분석 예시 (출처: 액센츄어, 2009)

이런 관점에서 프로젝트 팀은 그림 7-5에서 보듯이 단위기능 중심의 기능 조직과 철저한 팀 중심의 팀 조직 및 절충형인 매트릭스 조직의 세 가지 형태로 구분될 수 있다. 많은 글로벌 선진 기업들은 (1) 구성원들의 창의적인 아이디어를 유도하고, (2) 의사결정에 적극적으로 참여할 수 있게 하며, (3) 효과적인 리더십의 발현이 가능할 뿐만 아니라 (4) 구성원들이 기존에 소속된 기능 조직의 구속으로부터 자유로울 수 있는 매트릭스 또는 팀 형태의 프로젝트 팀을 구성하고 있다. 하지만 매트릭스나 팀 형태의 프로젝트 팀을 구성하기 위해서는 그림 7-6과 같은 기업들의 노력이 요구된다.

글로벌 선진 기업들은 이와 같은 매트릭스 또는 팀 조직에 기반한 프로젝트 팀의 전문성 강화를 위해 단위 기능 조직의 전문가 집단을 하나의 풀Pool로 구성한다. 각 글로벌 단위 기능 조직은 그림 7-7과 같이 전문 인력의 과거 경험과 다양한 프로젝트 간의 우선 순위 및 자체 인력 활용 계획 등을 고려하여 개별 프로젝트에 필요 인력을 제공한다. 이와 같이 프로젝트별 효과적인 인력 제공을 위해 전문가 집단 풀 내 인력들에 대한 상세 프로파일 정보를 효과적으로 관리하고 사내 공유하기 위한 인프라에 대한 고려도 필요하다.

그림 7-6 매트릭스 조직 또는 팀 조직으로의 변화를 위한 노력 (출처: 액센츄어, 2009)

7장 글로벌 R&D 운영 최적화

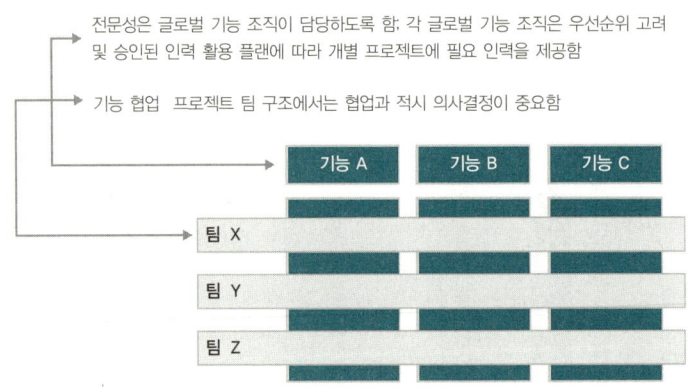

그림 7-7 성공적인 매트릭스 또는 팀 조직을 위한 요구사항 (출처: 액센츄어, 2009)

단위기능 조직의 역량 강화를 위해 선진 글로벌 기업들은 핵심 기능을 담당하는 전문 딜리버리 센터delivery center를 만들고 지역 또는 국가별로 산재한 조직을 통합하여 전문성 및 효율성을 증진시킴으로써 더욱 높은 수준의 서비스를 제공하기도 한다. 또한 고품질의 서비스 역량을 확보하기 위해 외부 협력업체와 파트너십을 체결하여 R&D 아웃소싱을 고려하기도 하고, 일부 R&D 비 핵심 영역에 대해서는 글로벌 니즈에 대응할 수 있는 R&D 공유 서비스R&D shared service를 제공함으로써 내부 운영 효율화를 꾀하기도 한다.

R&D 공유 서비스와 R&D 딜리버리 센터

R&D 공유 서비스

글로벌 운영 업체들의 R&D 활동은 주요 제품 개발 활동과 제품 개발 지원 활동으로 구분된다. 주요 제품 개발 활동은 제품 개발의 바탕을 이루는 활동들로서 상품 기획부터 제품 개발에 대한 타당성 연구, 디자인과 설계 그리고 개발 및 양산 검증 등 일련의 핵심 개발 프로세스를 포함한다. 이러한 핵심 개발 프로세스는 제조 원가, 구매 비용, 나아가 기업의 수익성에까지 직접적인 영향을 준다. 글로벌 기업들은 주요 제품 개발 활동에 대한 중요성을 인식하고 있으며, 비용 절감 및 효율화를 위한 노력을 집중하고 있다.

제품 개발 지원 활동은 성공적인 제품의 양산 및 출시가 가능하도록 지원하는 활동이다. 예컨대, 제품의 안전성에 대한 확인 활동, 시장의 여러 규제와 제약사항들에 대한 위반 여부 점검 활동, 그리고 출시를 위해 요구되는 각종 승인 과정에 대한 활동 등이 있다. 뿐만 아니라 제품 포트폴리오 및 형상 관리 등 개별 제품의 차원을 넘어 전체 제품군에 대한 관리를 위한 다양한 활동들도 포함된다.

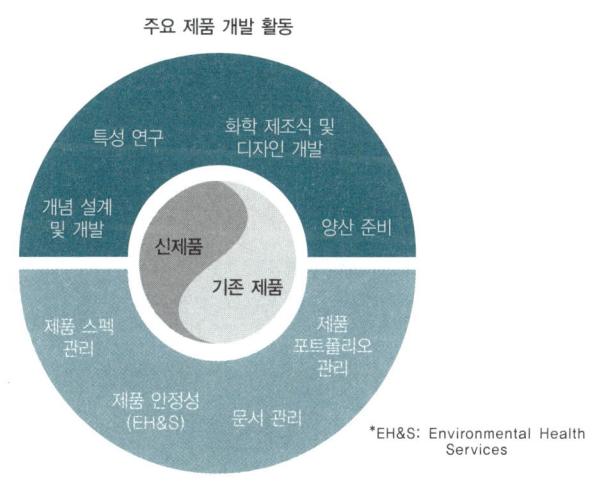

그림 7-8 R&D 운영의 양분: 직접적 가치 창출 활동과 지원 활동 비교 예시
(출처: 액센츄어, 2009)

R&D 공유 서비스를 통한 비용 절감 효과

일반적으로 지원 활동 등 직접적으로 기업 가치를 창출하지 않는 운영 영역에서 오히려 제품 자체나 제품의 공급망에 관련된 비용들을 획기적으로 절감할 기회가 존재할 수 있다. 하지만, 많은 글로벌 기업들은 이러한 지원 활동의 중요성에 대해 정확히 인식하지 못하고 있다. 그리고 다양한 국가에서의 운영, 복잡한 제품 라인업, 분산된 공급망 네트워크 등으로 인해 정보의 집중이 어려워짐에 따라 지원 활동의 효율성을 증대하고 비용을 절감할 수 있는 기회를 갖기 어려운 것이 사실이다. 결국 기업들은 제품 개발의 핵심 프로세스와 구매 및 제품 구조와 관련된 영역에서의 비용 절감 노력을 경주해왔다.

하지만, 선진 기업들은 복잡한 글로벌 운영 환경 속에서도 R&D 지원 활동을 전문적으로 수행할 수 있는 전담 조직을 구성함으로써 제품 자체 비용을 절감하거나 공급망 효율을 높이기도 한다. 대표적인 R&D 지원 활동 중 (1) 제품 사양 관리 (2) 제품 데이터 인텔리전스의 예를 살펴보자.

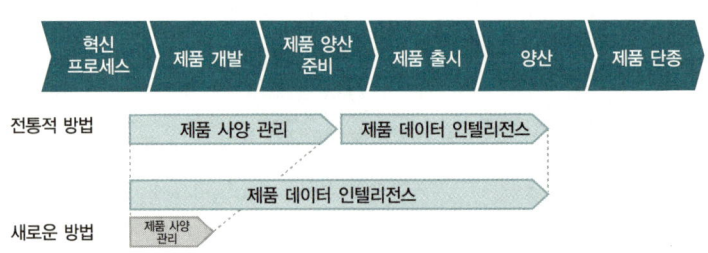

그림 7-9 제품 수명주기 비용 개선 기회 예시(출처: 액센츄어, 2009)

우선 제품 사양 관리를 총괄하는 중앙 전담 조직을 통해 새로운 제품 사양의 생성과 변경·승인 등에 소요되는 시간을 획기적으로 줄일 수 있다. 또한, 다양한 제품 정보와 프로세스의 중앙 집중화를 통해 지역별 조직의 운영 현황을 본부나 상위 조직에서 모니터링할 수 있는 가시성을 확보함으로써 R&D를 위한 제품 정보의 활용 범위(제품 데이터 인텔리전스)가 크게 확대될 수 있으며, 이를 통해 개발 제품에 적용 가능한 기존 제품 사양의 발굴 및 재활용, 공용 공급 업체의 활용 등의 효과를 가져올 수 있다.

R&D 공유 서비스 운영 모델 및 사례

이러한 R&D 지원 활동의 전담 조직은 관련 행정 지원과 각종 승인 업무 및 광범위한 제품 정보에 대한 인텔리전스 등과 관련하여 회사의 다른 클라이언트 조직들과 효과적으로 소통해야 한다. 각 지역의 로컬 R&D나 기타 클라이언트 조직들은 이러한 공유 서비스의 지원을 기초로 핵심 R&D 활동에 집중하고 공유 서비스를 최대한 활용하도록 함으로써 전사 차원에서의 효율성이 제고되도록 해야 한다. 이러한 공유 서비스는 일반적으로 전문 지식을 요하는 핵심 R&D 분야라기보다는 전문적인 운영에 가깝기 때문에 기업 입장에서는 비용 절감을 달성하고, 외부 시장 환경에 능동적이며 탄력적으로 대응할 수 있는 BPO(Business Process Outsourcing)를 고려해볼 수 있다. 즉, 기업은 내부 조직을 통해 핵심 R&D 활동에 주력하고 기타 관리 및 전문적인 운영 역량을 지닌 외부 전문가 집단이 공유 서비스를 효과적으로 제공하게 하는 것이다.

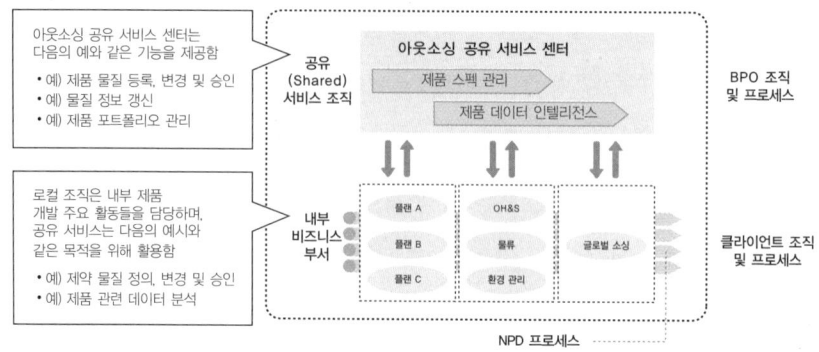

그림 7-10 공유 서비스의 아웃소싱 개념도 예시 (출처: 액센츄어, 2009)

그림 7-10의 예시와 같이 전문화된 공유 서비스 조직이 제품 사양과 제품 정보 분석을 담당할 경우, R&D 초기에는 단위 요소 등록, 변경 관리 및 승인 등의 행정적인 업무를 지원하며, R&D가 진행되는 동안에는 여러 클라이언트 조직의 다양한 제품 관련 정보에 대한 분석 요구에도 대응한다. 공유 서비스 조직은 글로벌 기업의 모든 R&D 조직이 갖고 있는 방대한 정보를 공유함으로써 더욱 다층적인 정보의 분석과 전문화된 수준의 서비스를 지원할 수 있다는 장점이 있다. 또한, 대부분의 선진 기업들이 운영하고 있는 공유 서비스 조직이 저임금의 전문 인력을 충원할 수 있는 지역에 소재하고 있다는 점을 고려할 때, 분명히 기업의 비용 절감 측면에서도 시사하는 바가 크다고 할 수 있다.

일반적으로 R&D의 운영 효율화를 효과적으로 달성하기 위한 공유 서비스로는 (1) 제품 사양 관리 (2) 제품 사양 최적화 (3) 포트폴리오 비용 개선 서비스 (4) 제품 포트폴리오 관리 등을 고려할 수 있다.

여기에서는 이러한 대표적인 공유 서비스의 주요 활동 및 업무를

핵심 수행 활동 예시

- 제품 포트폴리오 관리 → 수익성 및 성장 목적에 기초한 시장 차별화 된 포트폴리오 합리화

- 포트폴리오 상의 제품 비용 구조 최적화 → 예) 공급자 통합 및 중국 등의 LCC(Low Cost Country: 저비용 국가) 내의 공급자 재선정 등

- 제품 부품 대체 → 유사 제품군에 사용되었던 동일 기능 제공의 저비용 자재
- 제품 컴포넌트 표준화 및 다양한 제품군에 걸친 공용 납품 업체 활용

- 아웃소싱한 공유 서비스를 통하여 제품 스펙 관리 관련 비 핵심 활동 전개
- 모니터링과 리포팅 목적의 중앙집중화된 제품 스펙 데이터로 접근

공유 서비스 및 제품 데이터 인텔리전스 제공

- 제품 포트폴리오 관리(PPM)
- 포트폴리오 비용 감소 서비스
- 제품 스펙 최적화
- 제품 스펙 관리

제품 데이터 인텔리전스

BPO

*BPO: Business Process Outsourcing

그림 7-11 공유 서비스 및 데이터 인텔리전스 활동 예시 (출처: 엑센츄어, 2009)

7장 글로벌 R&D 운영 최적화 **203**

간단하게 소개하고자 한다. '제품 사양 관리'는 전 세계적으로 통합된 제품 사양 정보에 대한 신규 등록, 변경, 승인 등과 같은 핵심 R&D 활동과는 무관한 관리 활동을 의미한다. '제품 사양 최적화'는 '제품 사양 관리' 데이터에 기초하여 유사 제품군의 사양 정보 분석을 통해 동일한 품질과 성능을 유지하면서 저가인 제품 컴포넌트나 원부자재를 발굴함으로써 비용 절감에 기여할 수 있다. 또한, '제품 사양 최적화'를 통해 제품 컴포넌트나 모듈의 표준화 및 공용 공급업체 발굴 등의 서비스도 제공될 수 있다.

'포트폴리오 비용 개선 서비스'는 원부자재 공급업체의 통합 및 변경을 통해 제품 비용 구조를 최적화하는 서비스를 의미한다. 마지막으로 '제품 포트폴리오 관리'는 제품 이익과 성장 전략 등에 기초하여 차별화된 제품 포트폴리오를 관리하는 서비스를 제공한다. 이를 위해서는 전문적인 역량과 다양한 경험을 보유한 인력과 조직을 통해 제품 데이터 인텔리전스를 제공할 수 있어야 한다. 많은 선진 기업들이 이와 같은 이유에서 외부 전문가 집단을 통해 아웃소싱 형태의 R&D 공유 서비스 센터를 구축한다.

R&D 공유 서비스 운영의 이점

R&D 공유 서비스의 운영을 통해 기업들은 제품 개발뿐만 아니라 공급망 자체의 퍼포먼스 개선 또한 기대할 수 있다(표 7-2 참조).

이점	설명
제품 개발 퍼포먼스 향상	• 중앙 집중화된 빠른 서비스를 통한 제품 개발 주기의 단축 • R&D 인적 자원의 고부가가치 R&D 업무로의 전념 및 기타 행정 업무의 아웃소싱을 통한 제품 개발 비용 감소 • 저가 또는 공통 자재를 활용함으로써 자재비용 감소 • NPD 프로세스 컴포넌트의 재활용을 통한 개발비 절감 • 제품 컴포넌트 수를 줄임에 따른 제품 원가의 절감
공급망 퍼포먼스 향상	• 글로벌 오퍼레이션 상의 제품 SKU(Stock Keeping Unit) 공용화를 통한 재고 감축 • 원가 구조의 최적화 및 협력 업체 수를 줄임에 따른 구매 비용의 절감 • 제품 개발 시 비용을 고려한 디자인, 즉 'Design-to-Cost'를 통한 제보 비용 절감

표 7-2 R&D 공유 서비스를 통해 기대되는 이점 (출처: 액센츄어, 2009)

R&D 공유 서비스와 관련하여 BPO 운영 경험이 축적되어 있는 액센츄어의 분석 결과, 기업들은 공유 서비스 운영을 통해 제품 개발, IT 인프라, 구매, 물류 및 오더 관리 등의 영역에서 최대 약 4%의 전체 경비를 절감할 수 있는 것으로 보고되었다. 특히, 제품 개발 영역과 IT 인프라 영역은 광범위한 부문에서 약 20~30% 수준의 높은 비용 절감 효과가 나타났다. 구체적으로, R&D 공유 서비스는 그림 7-12와 같이 영역별 핵심 활동의 효율성을 향상시킴으로써 비용 절감 효과를 거둘 수 있다.

	관련 주요 활동		매출 대비 비용(%)	비용 절감액(%)
제품 개발	• 스펙 관리 • 보고 • 제품 인텔리전스	• 제품 데이터 관리 • 포트폴리오 최적화	2~3.5%	20~30%
정보 기술	• 시스템 개발 • 시스템 유지 및 보수	• 데이터 센터 운영 • 텔레 커뮤니케이션	2~3.5%	20~30%
구매	• 전략 구매 • 공급망 관리	• 공급자 관리 • E-구매	1~1.5%	10~15%
물류	• 구매 • 창고 관리	• 운송	1~1.5%	20~35%
오더 관리	• 반품 프로세싱 • 크레딧 관리	• 오더 관리 • 콜 센터	2~3%	10~20%
		총계(매출 대비 %)	8~13%	2~4%

그림 7-12 R&D 공유 서비스의 비용 절감 효과 (출처: 액센츄어, 2009)

R&D 딜리버리 센터

성공적인 글로벌 운영 기업들은 대고객 콜센터, 리소스, 교육 등과 같이 전문성이 요구되고 집중화된 업무 지원이 가능한 일부 운영 업무를 대상으로 특정 지역에 딜리버리 센터를 설립하여 해당 업무의 글로벌 운영을 효율적으로 지원하고 있다. 이는 지역이나 국가별로 전문 인력을 운용하는 것에 따른 경비와 유지비용 부담을 완화하는 것이 주목적이지만, 한편으로는 소수의 전문 인력을 통해 효율적으로 대고객 및 내부 서비스를 제공하려는 의도도 숨어 있다.

R&D 영역도 이와 같은 딜리버리 센터를 적용하는 데 예외가 아니다. 하지만, R&D의 경우 경비 절감 및 단순한 효율성 추구만을 위해 적용하기에는 요구되는 전문성이 매우 높다. 그러므로 R&D 딜리버리 센터의 운영은 매우 신중해야 하고 많은 노력을 기울여야 한다. 특히

R&D 딜리버리 센터는 국가 단위의 선진화된 R&D 역량이 한 지역에만 국한되지 않도록 통합하여 지역 시장이나 글로벌 시장을 함께 커버함으로써 전문성과 내부 효율성을 증대할 수 있는 방향에 초점을 맞추어야 한다.

지난 1995년 인도 방갈로르Bangalore에 진출한 글로벌 제조사 H사와 I사는 인건비 대비 높은 개발 능력을 보유한 현지 고급 IT 인력들을 활용하여 커다란 성공을 거두고 있다. H사의 인도법인은 TV용 소프트웨어, 응용 전산 프로그램, 정보 통신 관련 소프트웨어 등을 개발함으로써 전 세계로 수출되는 본사의 소프트웨어 R&D 딜리버리 센터 허브 역할을 담당하고 있다.

I사의 인도법인 역시 유사한 역할을 소화하고 있으며 노사는 인도법인에서 개발한 소프트웨어를 기본으로 하여 이미 145개의 특허를 출원하기도 했다. 이처럼 전문화된 R&D 딜리버리 센터의 운영 사례는 기업 내부의 효율성 제고는 물론 글로벌 시장 공략에도 효과적인 전략이라는 점을 시사한다.

R&D 딜리버리 센터의 성공적인 운영 사례: 모토로라의 CXD

모토로라는 사용자 중심의 디자인을 위해 CXDConsumer Experience Design라는 글로벌 디자인 연구 조직을 구성하여 UI 디자인과 S/W 개발 등을 지원하며 모바일 핸드셋 전반에 걸친 사용성 향상을 위해 노력했다. 2005년과 2006년 전 세계적으로 폭발적인 판매고를 올렸던 모토로라의 레이저는 CXD의 성공적인 개발 모델이다. CXD는 2007년 기준 약 350명의 인력으로 구성되어 있으며 미국, 영국, 중국, 싱가

포르, 한국, 인도 등 6개국에 분산되어 각 지역 내 소비자 연구를 바탕으로 지역 맞춤의 UI 디자인 개발을 담당하고 있다(그림 7-13 참조).

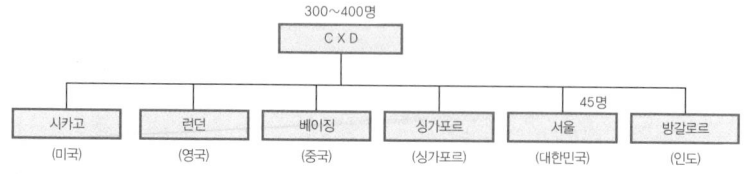

그림 7-13 모토로라의 CXD 글로벌 조직 구조 (출처: 액센츄어, 2009)

협업 R&D

기업은 구매에 소극적인 고객들을 사로잡을 수 있는 획기적이고 기술적으로 진보된 제품과 서비스를 위해 고심하고 있다. 하지만 신규 제품 및 서비스 개발에 소요되는 R&D 비용은 더욱 증가하고 있다. 이러한 문제는 막대한 R&D 자금이 투입되어야 하는 기술 주도형 산업에서 특히 부각되고 있다. 급변하는 시장에 유연하게 대응하고, R&D 비용을 절감하기 위한 방법으로 많은 기업들이 외부 파트너와 협업하는 이른바 협업 R&D collaborative R&D를 운영하기도 한다.

예를 들어, TI Texas Instruments는 새로운 기술을 개발할 때 TI 본사, 협력 관계에 있는 팹리스 파운드리 업체 TSMC가 각자의 설비로 독자적인 베이스라인을 만드는 등 이중으로 R&D 과정을 진행해 왔다. 하지만 비효율성과 불필요한 중복 투자에 따른 비용 부담을 가중시키는 결과만 초래하였다. 결국 상대적으로 우위의 기술력을 보유한 TSMC에 관련된 모든 R&D 역할을 이관함으로써 비용뿐만 아니라 적기 출시, 자원 낭비 최소화 등에서도 큰 이득을 가져올 수 있었다. 핵심 R&D 영역에서 파트너와의 협력 및 이관을 통해 전체적인 R&D 비용을 절감할 수 있게 되었고, 마켓 센싱Market Sensing, 상품기획과 같은 분야에 상대적으로 많은 투자를 함으로써 전반적인 R&D 경쟁력을 높이는 효과를 얻을 수 있었다(그림 7-14 참조).

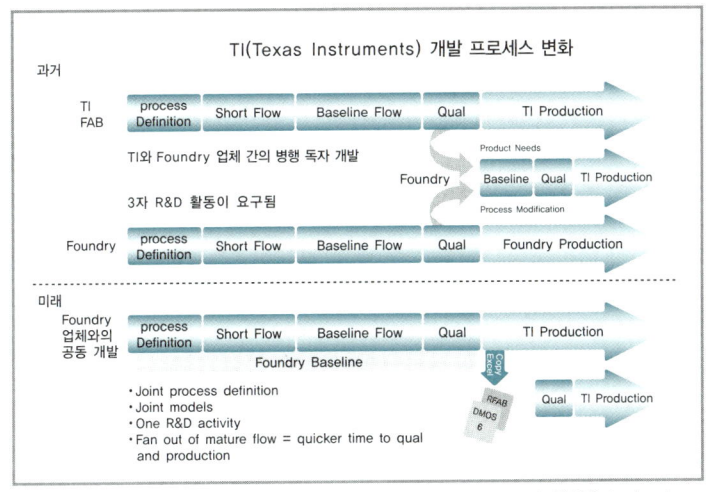

그림 7-14 TI의 파운드리 업체와의 조인트 R&D 프로세스 혁신의 예 (출처: 액센츄어, 2009)

* TI: Texas Instruments
* Foundry(파운드리): 반도체 수탁생산, 반도체 설계만 전담하고 생산은 외주를 주는 업체로부터 반도체 설계 디자인을 위탁받아 생산하는 방식
* FAB: Fabrication의 약자로 반도체 제조과정을 의미함

협업 R&D가 반드시 비용을 절감하기 위해서나 내부 운영의 효율화를 위해서만 활용되는 것은 아니다. 지금과 같이 산업 간의 경계가 무의미해지고 있는 컨버전스convergence의 트렌드에 효과적으로 대응하기 위해서는 전혀 다른 산업 간의 기술 협력을 통해 이전에는 찾아

볼 수 없었던 새로운 개념의 제품과 서비스를 개발해야 한다. 최근 구글은 구글 TV 플랫폼 개발을 위해 소니, 인텔, 로지텍과의 협력 관계를 구축했다. 즉, TV 분야에서 절대 강자의 명성을 되찾고자 하는 소니는 하드웨어 개발과 생산을 담당하고, 전 세계 PC용 프로세서 시장을 평정한 인텔은 이를 위해 CE4100이라는 전용 칩을 개발하며, 스마트 TV 조작기기의 개발은 스위스의 로지텍이 맡기로 한 것이다. 뿐만 아니라, 구글 TV의 콘텐츠 제공과 개발은 미국 2위의 위성방송업체인 디시네트워크와 플래시 프로그램으로 잘 알려진 어도비가 지원하는 구도이다. 서로 다른 산업 간의 융합을 통한 새로운 가치 창출의 트렌드에 효과적으로 대응하기 위해서 기업들은 R&D에 있어 과거보다 넓은 안목으로 협업 R&D에 관심을 보일 필요가 있다.

협업 R&D를 통한 기대 효과

① 제품 개발을 기업의 내부 인력에만 의존하지 않고 다양한 외부 파트너 업체와 접촉할 수 있게 됨에 따라 보다 폭 넓은 아이디어 생산이 가능하다. 기업의 역량을 넘어서 보다 창의적인 상품 기획이 가능한 기업 문화로의 변화까지 기대할 수 있다.

② 협업 R&D는 기업을 더욱 유연하게 변모시킬 수 있다. 즉, 외부 시장 및 경영 환경의 변화에 따라 더욱 유연하고 기민하게 R&D 투자를 확대 축소할 수 있다.

③ 대단위 R&D 투자비용은 기업 이익에 막대한 영향을 주지만, 협업 R&D는 이러한 투자비용이 파트너 업체로부터 구매할 때만 발생함에 따라 기업은 R&D 투자비용 부담에서 자유로워질 수 있다.

즉, 협업 R&D를 통해 대단위 투자 없이 필요한 R&D 활동을 유지할 수 있다.

④ 협업 R&D의 외부 파트너는 반드시 협력 업체만을 의미하지는 않는다. 최근 선진 기업들은 최종 사용자의 의견이 충분히 반영된 제품·서비스를 개발하기 위해 R&D 과정에 이들 최종 사용자를 참여시키기도 한다. 이는 시장의 니즈를 정확히 반영함으로써 시제품이나 서비스의 조기 성공률을 높이는 효과가 있기도 하다.

성공적인 협업 R&D를 위한 요구사항

하지만, 많은 장점을 가지고 있는 협업 R&D가 성공하기 위해서는 기업과 협력 업체 간의 원활한 의사소통을 지원할 수 있는 시스템과 프로세스, 인프라가 먼저 갖춰져야 한다.

① 외부 업체와의 협력은 자칫 보안의 문제를 일으킬 수 있기 때문에 반드시 적절한 시스템과 업무 프로세스가 갖춰져야 한다.

② 이른바 '심리스seamless' 협업 R&D를 위해서는 기업과 파트너 업체 간에 업무 프로세스와 인프라가 통합되어야 한다. 이를 통해 협업 개발 과정상의 시간 지연을 방지할 수 있다.

③ 협업 R&D의 운영에 소요되는 비용은 적절한 협업 인프라의 구축을 통해 크게 절감할 수 있다.

R&D 인력과 자산의 글로벌 공유

선진 글로벌 기업들은 다양한 지역의 R&D 수행 정보와 인력 정보를 통합 관리하여 전 세계적으로 공유함으로써 사내 성공 사례를 전파하고 이를 체험한 우수 인력들이 사내 다른 프로젝트에 기여함으로써 시너지 효과를 얻을 수 있도록 노력하고 있다. 이를 위해 우수 R&D 인력이 개인으로 관리되지 않고 전문가 집단에 배속되어 관리됨으로써 지역과 R&D 분야를 막론하고 전문가 집단의 도움이 필요할 때 쉽게 지원할 수 있는 관리 체계를 갖추어야 하며, 지적 자산이 효과적으로 공유될 수 있도록 지원하는 시스템 구축이 필요하다.

R&D COE

R&D 인력 풀을 효과적으로 관리하기 위해서 도입된 개념으로 글로벌 기업의 협업 환경 아래에서 특정 분야에 관한 전문 지식과 경험을 바탕으로 제품에 관한 핵심 기능의 개발과 운영을 담당하고 처리하는 조직이라고 할 수 있다. 또한 COE^{Center of Excellence}는 엔지니어들의 기술력을 향상시키고 기술 공유가 용이하도록 제시된 조직 설계 개념이다. 모든 엔지니어는 하나 이상의 COE 소속이며, 프로젝트가 시작되면 파견되어 해당 프로젝트 관리자의 지시를 받고 완료되면 복귀한다. COE는 담당 기술과 기능의 전사적인 핵심 센터이며, 선행 기술 개발 및 지식 공유에 핵심 역할을 수행한다. COE는 기존의 제품 중심 조직을 기술 개발에 중점을 둔 조직으로 변화시켜주는 역할을 한다(그림 7-15 참조). 기존의 제품 중심 조직은 제품 개발, 인력 관리, 기술 개발 등의

기능을 모두 수행하는, 지시와 통제 위주의 라인 조직이나. 제품 개발이 우선시됨에 따라 기술 개발 기능이 소홀해질 가능성이 단점으로 지적된다. 하지만 특정 분야의 기술력 개발과 기술 인력 육성의 센터 역할을 담당하는 COE를 통한다면 기존의 라인 조직을 기술 스태프 성격의 전문 조직으로 변화시킬 수 있다.

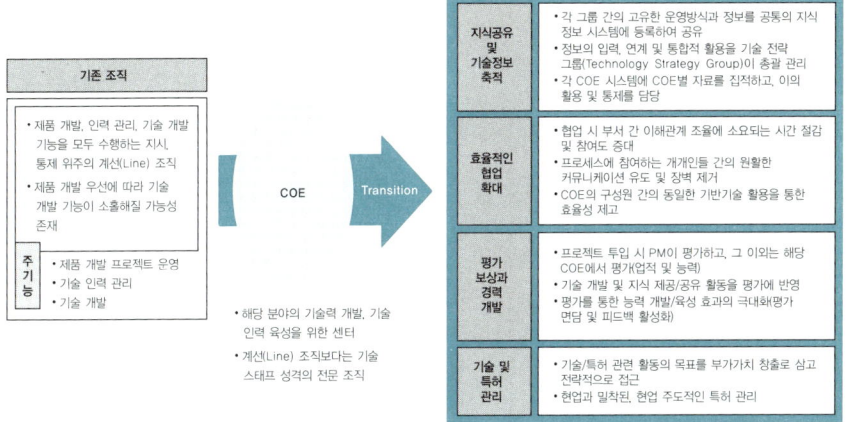

그림 7-15 제품 중심 조직에서 기술 개발에 중점을 둔 COE 조직으로 변화 (출처: 액센츄어, 2009)

COE가 기업의 효율적 인력 운영에 기초한 지적 자산 운용의 효과적인 수단임은 분명하지만, COE는 기존 프로젝트 조직과의 유기적인 협업이 전제되어야 그 효과가 배가될 수 있다. 다음과 같이 선진 기업들은 COE 조직과 프로젝트 조직 간 매트릭스 조직을 운영하고 있다. 즉, 프로젝트 조직이 개별 프로젝트의 실행을 모니터링하고 관리하면서 프로젝트 조직 간의 조율을 지원한다면, 여러 개별 COE 조직을 관리하는 '기술전략실' 등의 COE 관리 조직은 기업 내 사업부 전체의 기술 전략과 개발 계획의 수립 및 기술 인력 관리를 담당한다.

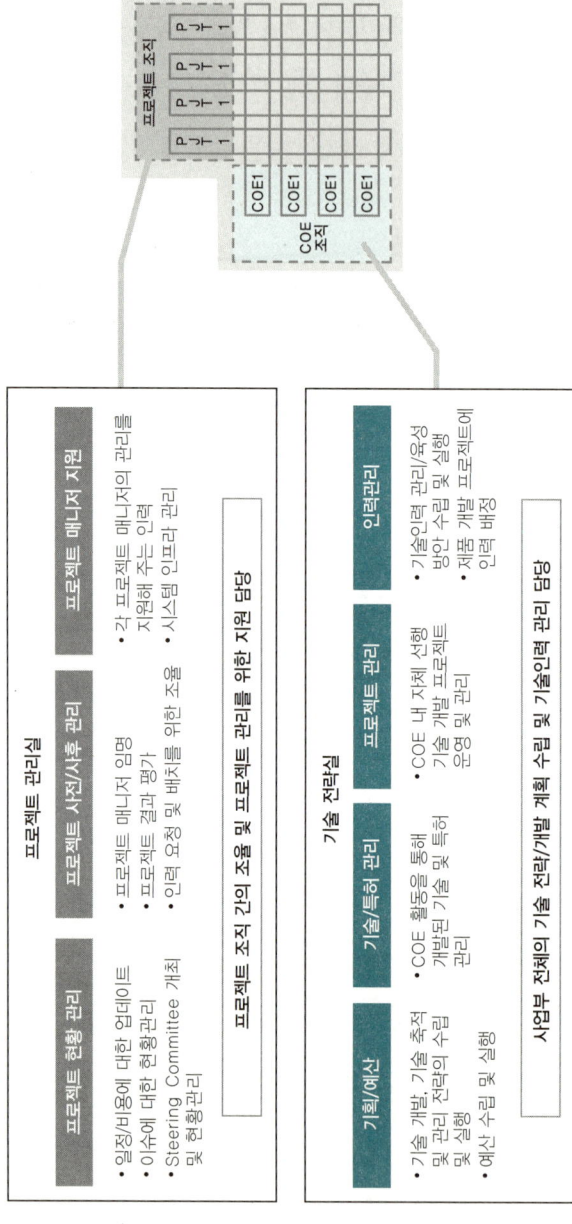

그림 7-16 COE 관련 조직의 운영 예시 (출처: 액센츄어, 2007)

COE를 통한 효율적 인력 자산을 운용함과 동시에 이러한 인력들이 창출해내는 지적 자산의 글로벌 관리 또한 중요하며, 이를 위한 IT시스템의 지원도 필수적이다. COE별로 축적되는 제품 개발, 선행 기술 개발 및 양산 엔지니어링 등의 각종 데이터 및 기술 자료가 통합 관리되어 언제 어디서나 권한이 있는 관련 글로벌 인력들이 접속할 수 있는 환경이 구축되어야 한다. 이러한 인프라가 COE의 전문 지식과 성공 사례가 전사적으로 공유될 수 있게 하는 윈도 역할을 담당한다.

국내 기업에 대한 시사점

지금까지 글로벌 R&D 운영의 효율화 및 최적화를 위해 선진 기업들이 적용하고 있는 새로운 아젠다에 대해 살펴보았다. 이와 관련해서 국내 기업들이 고려해야 할 핵심 성공 요인들을 정리하면 다음과 같다.

첫째, 자사에 최적화된 본부와 지역 간의 역할 정의는 산업의 특성, 글로벌 운영의 정도와 수준 등을 고려하여 이루어져야 한다. 지역별로 차별화된 최종 사용자의 니즈가 R&D 단계에서부터 충분히 반영되어야 하는 가전제품 산업의 운영 모델과 상대적으로 지역별로 차별화된 니즈가 크지 않은 원료 산업의 운영 모델은 크게 다를 수밖에 없다. 또한, 글로벌 시장의 개척 정도에 따라서 현지로의 권한 분산 정도를 다르게 고려해야 한다. 세계화라는 트렌드에 맞춰 지역별 특성화가 절대적인 해답이 될 수 없다는 점에 주목할 필요가 있다.

둘째, 성공적인 글로벌 R&D 운영을 위해 전문성을 갖춘 공유 서비스 조직과 딜리버리 센터 조직을 활용함으로써 통일된 표준과 업무 프

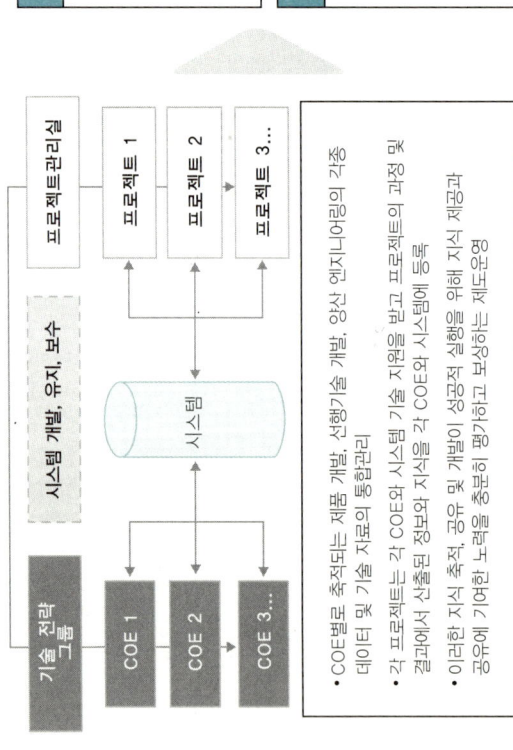

그림 7-17 글로벌 지적 자산의 축적 및 공유 (출처: 엑센츄어, 2009)

로세스의 유지 및 전반적인 R&D의 효율성과 전문성을 동시에 강화해야 한다.

셋째, 이제는 내가 모든 것을 다하겠다는 생각을 바꿔야 한다. 가장 감추고 싶은 R&D 분야도 선진 기업의 경우 이미 개방되어 있다는 점에 주목해야 한다. 회사의 기밀을 유지하는 것과 협력 업체와의 협업을 강화하는 것은 무관하다.

넷째, 기업이 성장하여 규모가 커질수록 자사의 지적 자산을 효과적이고 효율적으로 활용할 수 있느냐 없느냐가 매우 중요하다. 이를 위해서 기업 내 특정 분야의 전문가가 누구이고 어디에서 어떤 일을 하고 있는가를 쉽게 공유될 수 있어야 한다. 또한, 과거의 성공 경험이 확대 재생산될 수 있는 체제가 반드시 구축되어야 한다.

글로벌 지적 자산 공유를 위한 액센츄어의 지식 공유 포털 사례

컨설팅 회사인 액센츄어도 글로벌 지적 자산의 사내 공유를 위해 많은 노력을 기울인다. 지역뿐만 아니라 산업과 비즈니스 아젠다별로 특화된 프로젝트 사례와 전문성을 지닌 인력 정보를 전 세계적으로 통합하여 공유할 수 있는 액센츄어의 KX Knowledge Exchange 포털은 사내 지적 자산의 공유가 요구되는 글로벌 운영 기업들에 좋은 모델이 될 수 있다.

하나의 프로젝트가 완료되면 프로젝트 책임자는 프로젝트를 소개하는 다양한 정보 항목들을 시스템에 입력함으로써 데이터베이스에 하나의 사례를 추가한다. 이것은 다양한 방법으로 검색, 분류 되어 전 세계 모든 액센츄어 컨설턴트들이 그 내용을 공유할 수 있게 한다. 물론, 컨설팅 회사로서 고객 정보는 정해진 가이드라인에 따라 처리해서 불필요한 법적 윤리적인 분쟁을 미연에 방지하는 노력을 게을리하지 않는다.

액센츄어 KX 포털은 이와 같이 추가된 경험 DB를 조직, 산업, 비즈니스, 프로세스, 고객사, 일반 키워드 등 다양한 방법으로 검색할 수 있는 기능을 지원한다. 그림 7-18은 그 가운데 'Product Innovation and Product Lifecycle Management'라는 'Supply Chain Management' 항목 아래의 KX 포털의 예를 보여준다.

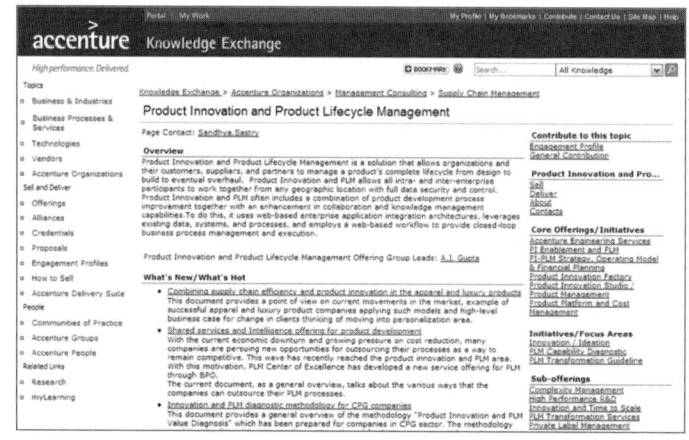

그림 7-18 액센츄어의 지식 공유 경험 DB 포털 (출처: 액센츄어, 2010)

액센츄어 KX 포털에는 사내 프로젝트 경험뿐만 아니라 외부의 전문 분석 및 리서치 기관의 각종 유/무료 문서와 특정 분야 뉴스 등 외부 소스 DB도 구축되어 있어 방대한 지적 자산을 관리하고 있다. 비록 컨설팅 회사이긴 하지만, 액센츄어의 KX 포털은 글로벌 운영 기업들에 어떻게 사내 지적 자산을 효과적으로 활용하여 새로운 가치를 창출할 것인가에 대한 시사점을 제공하고 있다.

셸의 공유 서비스 센터 아웃소싱 사례

셸Shell과 같은 글로벌 운영 기업들은 동일 제품을 다양한 생산 거점으로부터 생산하는데, 이 경우 지역별 공급 및 협력 업체의 현지화 전략에 따라 생산거점별 비용뿐만 아니라 프로세스와 시스템에 있어서도 편차를 보인다. 그림 7-19는 셸의 윤활유 제품에 관하여 생산 지역별로 차별화된 공급업체, 이들이 제공하는 첨가제와 포장재의 생산단가 차이를 예시적으로 보여주고 있다. 공유 서비스를 통해 제품 생산 네트워크의 복잡성에서 야기되는 비용 절감 가능성을 고려해볼 수 있는 부분이다.

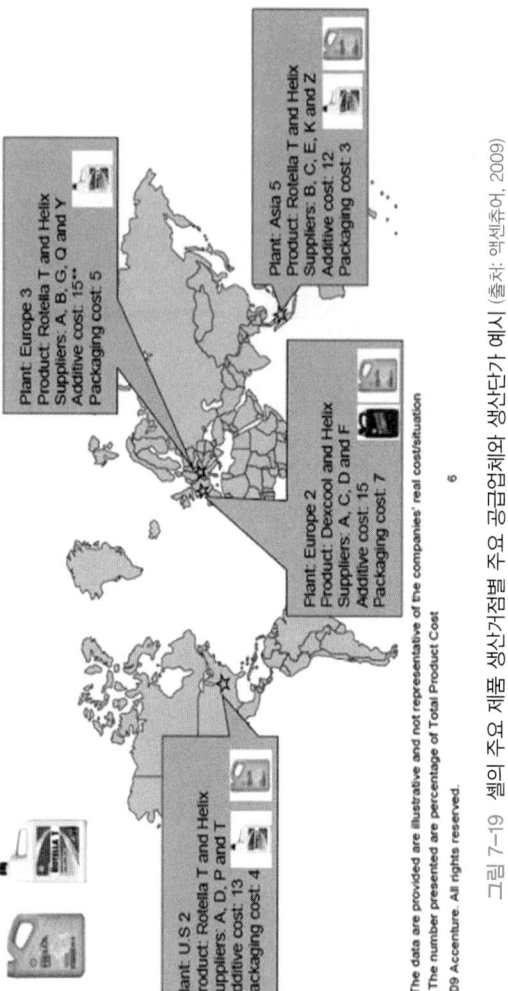

그림 7-19 셸의 주요 제품 생산거점별 주요 공급업체와 생산단가 예시 (출처: 액센츄어, 2009)

제품 생산 네트워크의 복잡성뿐만 아니라 제품 사양의 복잡성도 공유 서비스에 대한 니즈와 연결된다. 다음은 셸의 윤활유 로텔라 T의 제품 사양 예시이다. 로텔라 T는 다양한 화학성분 및 제품 용기의 구성요소로 이루어져 있으며, 이러한 제품 사양은 개발 과정 중에 승인 및 변경의 과정을 거치게 된다.

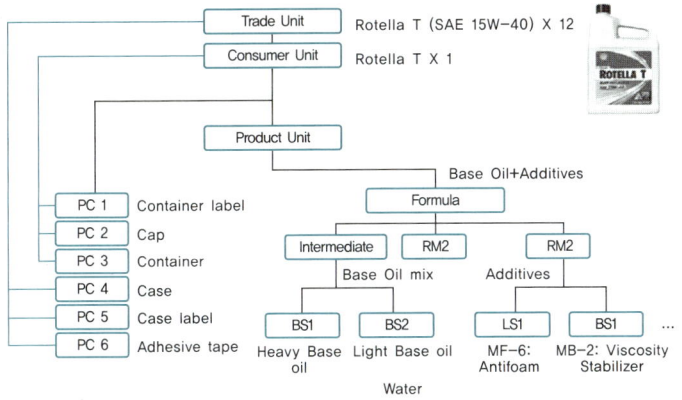

그림 7-20 제품 정보 복잡성 예시: 셸의 로텔라 T 제품 사양 (출처: 액센츄어, 2009)

셸의 로텔라 T와 헬릭스의 제품 생산 네트워크와 제품 사양에 대한 분석을 바탕으로 두 제품의 공용 원부자재를 동일 공급업체로부터 제공받도록 할 수 있고, 유사 제품군에 대해서는 가급적 및 같은 가격의 공용 자재와 원료를 사용함으로써 비용 절감 효과를 기대할 수 있다. 셸의 경우 헬릭스의 MO-7 산화방지 첨가제를 로텔라 T의 MO-8로 대체할 수 있었다.

또한, 두 유사 제품의 제품 사양 정보와 관련한 법적 검토와 사양의 변경 등의 전문적인 업무를 외부 아웃소싱을 통한 공유 서비스를 활용할 수 있다. 동종 제품군의 상이한 사양의 정의와 등록, 승인 등의 프로세스를 표준화하고 중앙 집중함으로써 셸은 여러 지역에서의 병행적 운영에 따른 비효율성을 개선할 수 있다. 이러한 서비스는 앞서 기술하였듯이 아웃소싱을 통한 중앙 공유 서비스를 통해 효과적으로 제공될 수 있다.

Shell Helix
- Packaging material:PP-237
- Packaging supplier:A,B,D,T,Z
- Base oil spec.,BO-1,BO-4,BO-7
- Additive antifoam:MF-6
- Additive antioxidant:MO-7

Rotella T
- Packaging material:PP-239
- Packaging supplier:B,C,E,K
- Base oil spec.,BO-1,BO-5,BO-7
- Additive antifoam:MF-6
- Additive antioxdant:MO-8

개선 기회

아웃소싱한 공유 서비스
- 타 제품의 제품 스팩 정의, 등록 및 승인을 위해 위해 동일한 중앙 집숭화 된 프로세스 적용
- 각종 규정 또는 변경 등에 따른 제품 스팩 데이터의 업데이트를 위한 협력업체의 활용

제품 데이터 인텔리전스
- 복수의 생산 거점에서 활용되는 자재를 동일 협력 업체 활용하여 소싱함
- 동일 스팩의 공용 자재를 활용함에 따른 원가 절감(예: MO-7 첨가물을 MO-8로 대체)

그림 7-21 셸의 공유 서비스를 통한 개선 기회 예시 (출처: 액센츄어, 2009)

8장

R&D 운영 효율화 전략

액센츄어 글로벌 서베이에 따르면, 고성과 기업은 신제품 개발 프로세스의 콘셉트부터 제품 출시까지의 프로세스들에 대안 기반 동시공학SBCE, Set-Based Concurrent Engineering*을 적용한다.

* 설계와 생산안을 동시에 병행검토 한 후 실현가능한 설계안으로 좁혀가는 방식. 도요타의 제품 개발 체계(Toyota Product Deveopment System)에서 소개되었다.

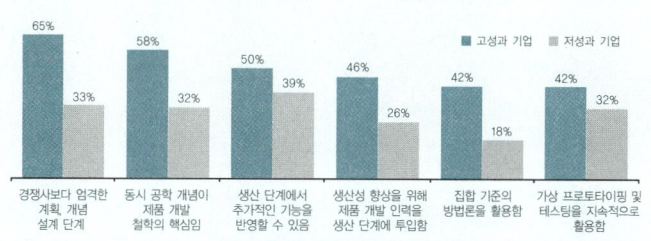

그림 8-1 제품 개발 프로세스의 효율성

더 짧은 시간에 더 혁신적인 제품을 개발하라

제품 개발 환경 변화

기술 개발이 가속화되면서 기업 간 제품 경쟁이 심화되고 새로운 제품에 대한 선호도도 증가하는 등 제품 개발 환경이 변화하였다. 그리하여 기업들은 과거에 비해 더욱더 짧은 기간 안에 새로운 제품을 개발해야 하는 상황에 처하게 되었다.

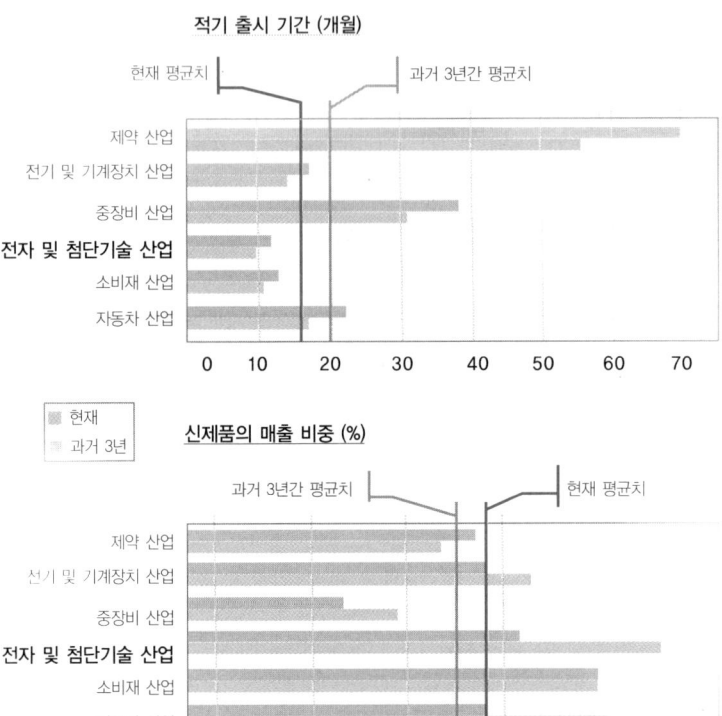

그림 8-2 적기 출시 기간 및 신제품 매출 비중 변화 (출처: 액센츄어, 2009)

최근 제품이 개발되어 시장에 출시되기까지의 기간 Time to Market 은 더욱 짧아지고 있다. 매출에서 신제품이 차지하는 비중도 점차 증가하고 있다(그림 8-2 참조). 이는 필연적으로 제품 수명이 단축되는 결과를 낳는다. 기업은 좀더 짧은 시간에 더욱 혁신적인 제품을 개발해야 하는 과제에 직면해 있다. 그런데 앞서 언급했듯이 제품의 종류와 복잡도는 오히려 증가하고 있어 기존의 제품 개발 방식으로는 적기에 제품을 출시하기 어려워지고 있다. 따라서 제품 개발 단계에서 이루어지는 수많은 업무가 좀 더 효율적인 방식으로 수행될 수 있도록 개별 업무와 이를 체계적으로 관리하는 프로세스상의 개선이 필요해졌다. 기업들은 이러한 목적을 달성하기 위해 다양한 방식으로 운영 효율을 향상시킴으로써 단기간 내에 최적의 제품을 개발할 수 있는 역량을 확보하고자 노력하고 있다.

운영 효율성 향상의 방향성

제품 개발의 운영 효율성 향상은 크게 세 가지 측면에서 논의될 수 있는데 (1) 어떠한 개발 방법론을 적용할 것인가 (2) 조직 간의 효율적인 협업을 어떻게 가능하게 할 것인가 (3) 개발 초기부터 양산성에 대한 고려를 어떻게 반영할 것인가로 나누어볼 수 있다.

개발 방법론의 혁신

개발 방법론이란 제품의 개발을 어떠한 절차와 순서에 따라 진행할지에 대한 기본적인 기준이다. 어떠한 개발 방법론을 적용하는지가 바로 제품 개발 프로세스를 어떻게 구성할지를 결정한다고 할 수 있다. 제품 개발에는 제품 개발에 필요한 업무들을 차례대로 나열하여 하나씩 완료해가는 단순한 모델에서부터 병행 수행이 가능한 모든 업무를 동시에 수행하여 업무 효율을 극대화시키고, 이를 통해 개발 기간을 단축시키는 동시공학Concurrent Engineering이 반영된 모델에 이르기까지 다양한 방법론이 존재한다.

　기업이 어떠한 방법론을 적용할지는 제품의 특성과 기업이 제품을 개발할 때의 핵심가치를 무엇으로 보느냐에 따라 달라질 수 있다. 또한 개발 방법론 적용 이후에도 기술의 발달과 경험의 축적을 통해 끊임없이 진화시켜 나가야 한다.

조직 간 효율적인 협업 구조

두 번째는 조직 간 협업을 어떻게 효율적으로 운영해나갈 것인가 하는 점이다. 제품의 개발은 물론 개발부서가 중심이 되어 수행하지만 그 과정에서 마케팅, 구매, 생산 부서 등 다양한 조직과 커뮤니케이션이 발생하고 각 조직이 많은 역할을 적시에 해주어야만 전체적인 개발 일정 달성과 품질의 확보가 가능하다. 하지만 많은 경우 조직 간 이해관계의 상충, 협업에 대한 규칙 부재, 임기응변 중심의 커뮤니케이션, 시스템 지원의 미비 등 다양한 원인에 의해 전체적인 업무 효율의 저하가 일어난다. 따라서 개발부서와 주변 부서 그리고 개발부서 내에서의 다양한 기능 조직 간의 효율적 협업을 어떻게 달성하느냐가 개발 운영 효율성 증대에 큰 영향을 미친다고 할 수 있다.

개발 초기 단계부터의 양산성에 대한 고려

세 번째로 개발 초기부터 양산성에 대한 고려가 반영되어야 결과적으로 제품이 양산 단계에 이르렀을 때 큰 이슈 없이 계획된 일정에 목표한 품질의 제품을 생산할 수 있다. 개발 과정의 특성상 양산 단계가 되면 기존에 예상하지 못한 수많은 이슈에 부딪히게 되고 상당수의 이슈는 계획된 개발 일정을 지연시킨다. 이는 연구부서에 큰 압박으로 작용하게 되고 어떻게든 맡은 단계의 업무를 시간 내에 마무리하고자 양산 단계에서의 효율보다는 목표한 스펙spec 딜성 중심의 개발을 진행하는 문제점을 낳기도 한다. 심한 경우에는 양산 시점에서 문제를 일으킬 수 있는 이슈를 덮어놓은 채 일단 개발 단계의 업무 목표만 완수하는 상황을 불러올 수도 있다. 이는 결과적으로 제품 개발 단계의 후반부에 치명적인 문제를 일으켜 반복적인 재작업으로 인해 전체적인 개발 일정 지연이라는 심각한 영향을 초래할 수도 있다. 또 목표 스펙은 달성하지만 양산 시점의 낮은 수율yield로 인해 상품성이 떨어져 결과적으로는 개발 프로젝트 자체가 실패하는 일도 발생한다. 따라서 개발 초기부터 양산 시점에서의 생산 효율에 대한 고려, 그리고 품질에 대한 체계적인 관리 등을 통해 개발 후반부에 나타날 수 있는 리스크를 최소화 할 필요가 있다.

개발 단계의 운영 효율성 향상을 위한 노력

앞에서 언급했듯이 개발 단계의 운영 효율성을 향상시키기 위한 방향성은 크게 개발 방법론의 혁신, 조직 간의 효율적인 협업 구조, 개발 초기부터의 양산성 고려, 이렇게 세 가지로 나누어볼 수 있다. 이제 이러한 방향성을 각 기업들이 어떻게 구체화하여 목표를 달성했는지 그 사례를 살펴보겠다.

개발 효율성 증대를 위한 개발 방법론 혁신

전통적인 동시공학은 업무 효율 개선을 위해 개발 업무를 동시 처리함으로써 순차적인 개발에 따른 시간 소모를 단축하는 데 중점을 두었다. 그런데 최근에는 여기에 도요타의 생산 시스템인 TPSToyota

Production System에서 잘 나타나는 대안 기반 설계set-based design의 개념을 접목하는 방식이 각광을 받고 있다. 많은 기업에서 대안 기반 동시공학이라는 개념을 적용한 개발 방법론을 채택하고 있다.

대안 기반 동시공학

대안 기반 접근set-based approach이란 단일안을 차례대로 검토하는 것이 아니고, 복수의 선택 사항을 대안 집합으로 구성하여 동시에 검토하는 방법이다. 이를 기존의 동시공학에 접목하여 제품 콘셉트 개발에서부터 출시까지의 개발 단계에서 각 부서가 제시한 여러 대안 집합을 총괄하여 가장 적합한 형태의 신제품을 개발하는 방식이 바로 SBCE이다. 대안 기반 동시공학은 기존 방식과 비교하여 제품 개발 단계의 불확실성을 최대한 감소시켜 개발을 보다 효율적으로 추진하게 해준다(그림 8-3 참조).

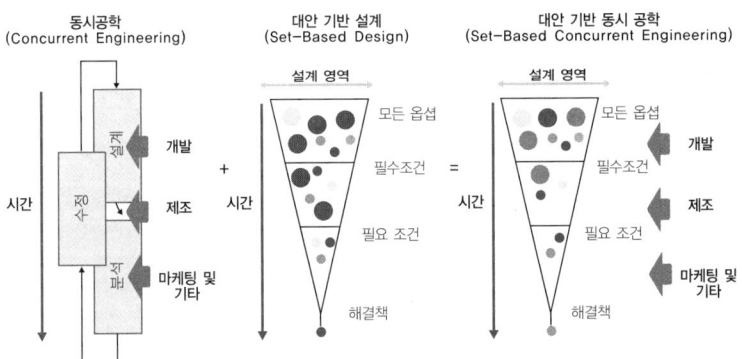

그림 8-3 대안 기반 동시공학 (출처: 액센츄어, 2009)

그림 8-3에서 보듯이 동시공학을 실무에 적용하기 위해서는 제품 개발 데이터 통합 관리 및 협업을 지원할 수 있는 R&D 관리 시스템의 지원이 필수적이다.

애자일 개발 방식

애자일agile의 사전적 의미는 '기민한'이다. IT 프로젝트에서 애자일 개발 방법론은 국내 IT업계에서 주로 사용되는 '폭포수 개발 방법론waterfall methodology'과 달리 개발 애플리케이션의 품질과 생산성을 높이고, 변화하는 비즈니스 시나리오 및 품질 요구에 빠르고 효과적으로 대응할 수 있는 새로운 개발 방식이다.

기존에 흔히 사용되던 폭포수 방식은 일련의 단계가 순차적으로 진행되는 방식이다. 기획-분석-설계-구축-테스트-구현이 순서대로 이루어지며, 앞 단계가 끝나야만 다음 단계를 진행할 수 있다. 이 방식은 요구사항을 초기에 수집하여 설계에 반영하게 되는데 구체적으로 구현된 결과를 접했을 때 요구사항 자체가 변하기도 하고, 설계상 치명적인 결함이 있어도 개발이 완료되어 테스트로 이행되기 전까지는 발견할 수 없다는 한계가 있다. 또 특정 단계 업무의 지연이 곧바로 전체 프로젝트의 지연으로 이어질 수도 있다(그림 8-4 참조).

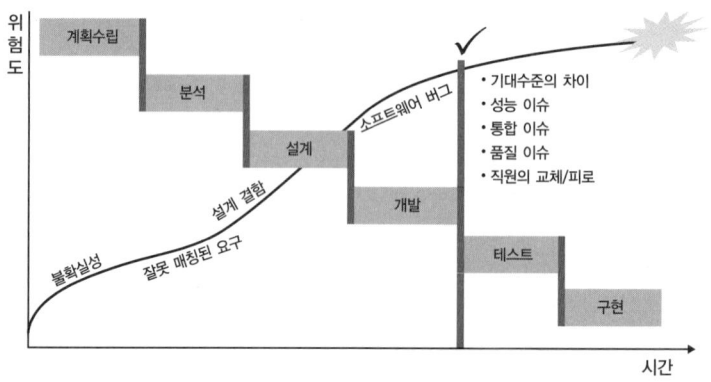

그림 8-4 폭포수 개발 방식의 한계 (출처: 액센츄어, 2009)

이 때문에 상당수의 프로젝트가 완료 이전에 중단되기도 하고, 계획한 목표의 일부분밖에 달성하지 못했음에도 기간과 예산을 초과하는 상황을 맞이하게 된다.

이를 해결하기 위해 계획부터 구현까지 일련의 과정을 관리 가능한 작은 단위로 나누어 반복적으로 실행함으로써 이슈나 위험 요인을 보다 조기에 발견하여 대응책을 수립하고, 실제 결과물을 바탕으로 요구사항을 구체화해 나가는 방법론이 제시되었는데 이것이 바로 애자일의 콘셉트이다(그림 8-5 참조).

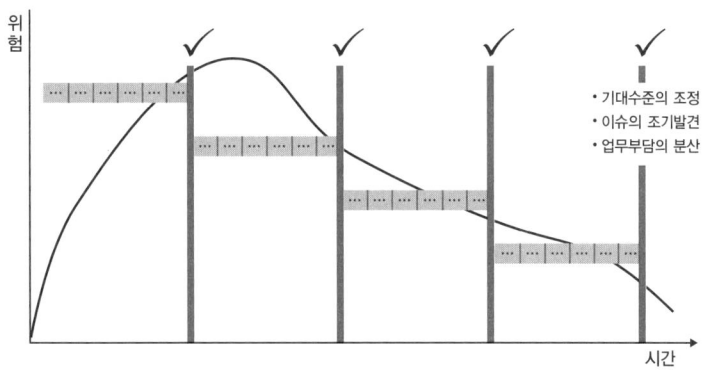

그림 8-5 애자일 개념을 적용한 단계별 반복 모델 (출처: 액센츄어, 2009)

이를 통해 요구사항이나 기대 수준을 지속적으로 업데이트하여 원하는 바를 정확히 반영할 수 있고, 이슈의 조기 발견이 가능하며, 업무 부담을 분산시킬 수 있다. 결과적으로 전체적인 프로젝트 일정, 목표의 달성을 용이하게 한다.

애자일의 콘셉트를 반영한 구체적인 실행 모델 중 하나가 스크럼Scrum방식이다. 스크럼이란 원래 럭비에서 유래한 용어인데, 업무를 스프린트 구현 목록Sprint Backlog이라는 단위로 나누어 이를 다시 팀별로 세분화된 업무로 분장한 다음, 일정 기간 전력 질주sprint하여 결과물을 만들어내는 방식이다. 이러한 과정에서 각 구성원은 반복적인 스크럼 미팅을 통해 정보를 공유하고 상호 조율해나가게 된다. 스크럼은 최근 분산 업무 처리가 필요한 대규모 IT 프로젝트에서 급속히 도입되고 있다(그림 8-6 참조).

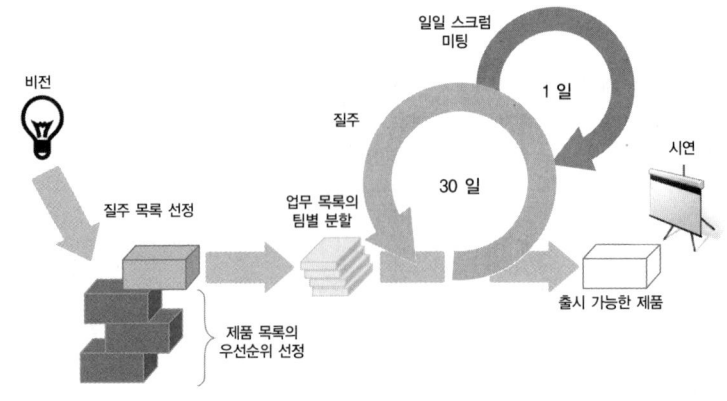

그림 8-6 스크럼 방식의 업무 추진 모델 (출처: 액센츄어, 2009)

조직 간의 효율적 협업 구조
개발-생산 간 시제품 생산 관리 효율화

제품을 개발할 때는 시제품을 생산하여 그 특성을 분석함으로써 제품 완성도를 파악하고 그 결과를 바탕으로 개발 목표를 달성하기 위한 연구를 진행하게 된다. 그런데 일반적으로 시제품을 위한 시범 생산은 소규모 생산의 경우 연구소의 자체적인 설비를 이용하지만 대규모 생산이나 양산 설비에서의 특성을 파악하기 위한 경우에는 양산 설비를 사용할 필요가 있다. 이 경우 양산을 담당하고 있는 부서와 일정 조율이 필요한데 이때 시장에 당장 판매하기 위한 제품의 생산 일정에 쫓기는 생산부서와 R&D부서 사이에 갈등이 발생하게 된다. 또 개발 시스템과 양산 시스템이 분리되어 정보가 공유되지 못하고 수작업에 의존하기 때문에 불필요한 업무 부담이 가중되기도 한다. 이를 개선하기 위해 그림 8-7처럼 개발-생산 조직 간 시제품 생산 관리 업무에 대한 기준을 수립하고 이를 시스템화한다면 업무 효율이 높아질 수 있다.

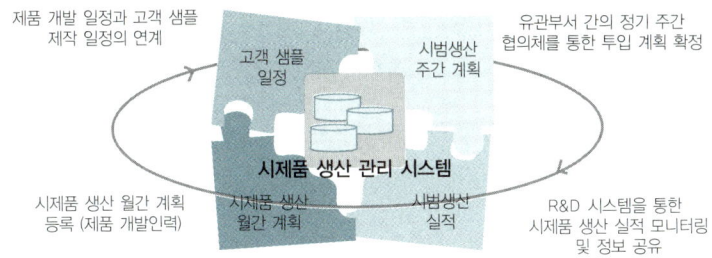

그림 8-7 시제품 생산을 위한 개발-생산 간 협업 체계(출처: 액센츄어, 2009)

글로벌 제조기업 J사의 경우, 양산부서의 성과지표에 R&D용 시제품 생산에 대한 항목이 반영되어 있지 않아 생산 일정의 제약이 발생할 경우 양산 제품을 생산할 수 없는 결과를 가져왔다. 또, 양산 시스템과 R&D 시스템 간의 연계 체계가 구축되어 있지 않아 진행 현황을 확인하기 위해서는 수시로 전화나 전자우편을 통해 연락할 수밖에 없는 상황이었다. 이 때문에 양산부서는 R&D용 시제품 생산을 매우 귀찮게 생각했고, R&D부서는 양산용 설비를 사용할 기회조차 얻기 어려웠다. 또한 생산 중인 시제품의 진척 현황을 파악하기 조차 어려워 개발 일정 관리에 어려움이 많았다. 그래서 J사는 생산조직의 성과 지표에 시제품 생산 일정의 준수 여부를 포함시켜 생산조직 인원이 시제품 생산 일정을 준수하도록 하였다. 그리고 새로 구축하는 R&D 시스템과 기존의 양산 시스템 정보가 연계되도록 하여 연구원이 자신이 의뢰한 시제품 생산의 진행 현황을 R&D 시스템에서 손쉽게 조회할 수 있도록 하였다. 이를 통해 개발 일정의 가시성이 확보되어 전체적인 개발 일정 관리 및 업무 효율 증대를 가져올 수 있었다.

개발-구매 간 부품 선행관리 체계 운영

첨단 전자제품의 경우 고객의 요구사항을 충족시키기 위해 다양한 스펙의 제품이 출시되며, 이에 따라 부품도 제품 설계상의 요구사항을 충족시키기 위해 다양한 스펙을 가지게 된다. 제품 개발 단계에서 제품 설계와 목표 스펙에 따라 최적의 부품을 선택하게 되는데 장기적 관점의 부품 표준안이 없이 제품 단위의 부품 선정이 이루어질 경우 다양한 제품 스펙만큼이나 필요한 부품 수도 급격히 증가하게 된다. 협력업체는 다양한 부품 주문에 대응하느라 생산 단가 상승 및 조달 리드타임 증가, 부품 스펙 관리 어려움 등의 문제에 직면할 수밖에 없다.

일반적으로 개발부서는 부품의 품질과 스펙을 중요시하고, 구매부서는 복수 업체 확보를 통한 안정적 조달과 가격 인하를 중요시한다. 따라서 개발 초기 개발부서와 구매부서 간에 부품에 대한 합의가 이루어지지 못한 경우, 이는 결국 개발 후반부에 개발-구매 부서 간의 갈등으로 인해 결정적인 일정 지연의 요소로 작용하기도 한다.

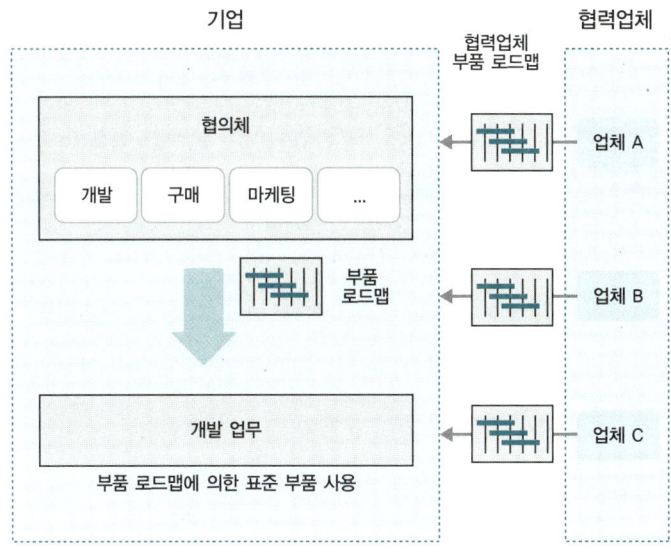

그림 8-8 부품의 선행 관리 (출처: 액센츄어, 2009)

따라서 이를 해결하기 위해 그림 8-8처럼 제품 로드맵과 연계한 부품 로드맵을 개발-구매 부서 간에 사전 합의하여 관리함으로써 제품 개발 시 부품 로드맵상의 권장 부품을 사용하도록 하는 방안이 활용된다. 구매 측면에서 볼 때, 부품 로드맵을 선행 관리하면 업체당 거래 물량 증대를 통해 구매단가를 인하할 수 있고, 업체별 물량 밸런스를 조절할 수도 있다. 또 개발 측면에서는 단위 개발부서 간에 사전에 합의된 부품을 사용함으로써 표준화, 공용화 비율을 향상시켜 파생 제품의 개발기간 단축에도 큰 도움을 줄 수 있다.

글로벌 제조기업 K사의 경우 다양한 스펙의 제품을 단기간에 개발해야 하는 압박이 매우 큰 상황이었다. 시장의 다양한 요구조건을 반영한 신제품을 기존의 설계 방식으로는 개발할 수 없어 부품의 스펙과 디자인이 언제나 조금씩 변했다. 특히 스펙상 큰 차이가 없는 부품이라 하더라도 설계상의 수치가 약간 변동됨에 따라 기존 부품과 호환되지 않아 부품 자체를 새로 개발하느라 개발 일정이 지연되는 경우가 많았고, 재고 관리 및 출시 이후 A/S 관리에도 문제가 발생하였다. 한편 구매부서 입장에서는 잦은 부품 변경으로 인하여 업체 다변화 등을 통한 구매 수량 확보 및 단가 인하에 어려움이 많았다. 또 부품을 공급하는 협력사 입장에서는 K사가 요구하는 부품 스펙이 언제 어떤 형태로 주어질지 예측하기 어려워 새로운 제품에 대한 요구에 긴급하게 대응하느라 품질 이슈와 납기 지연 문제가 자주 발생했다.

이러한 부품 변경상의 문제점은 연구원 간에 설계 기준 표준화가 이루어지지 않아 발생하는 경우가 많았다. 이를 해결하기 위해 설계부서, 구매부서, 협력업체가 공통의 부품 로드맵을 관리하고 연구원에게는 가급적 구매부서와 연구부서가 합의한 표준 로드맵상의 부품을 사용하도록 권고하였다. 이렇게 함으로써 불필요한 부품 개발에 소요되는 기간을 줄일 수 있었고, 부품업체는 로드맵을 기반으로 필요한 부품을 사전에 준비함으로써 전체 개발 일정을 맞출 수 있었다.

개발-특허 부서 간 협업 효율 개선

제품 개발에 있어 특허 확보는 기업의 핵심 경쟁력이라 할 수 있다. 신제품 개발과 관련된 기술이 타 회사에서 확보한 해당 특허 기술일 경우, 해당 특허를 회피하거나 라이선스를 확보해야 한다. 반면에, 특허 등록이 되어 있지 않은 신기술일 경우, 신기술 개발과 함께 신속한 특허 출원을 위한 제반 준비를 병행해야 한다.

그런데 기업의 특허부서는 모든 개발 과제에 적용되는 기술에 대하여 검토할 만큼 인력을 충분히 확보하지 못한 경우가 많고, 연구원은 해당 기술의 글로벌 특허 여부에 대해 잘 알지 못하는 경우도 많다. 따라서 개발 초기에 특허에 대한 심의가 부족하여 개발 후반부에 이르러서야 특허 관련 이슈로 개발에 타격을 받는 경우가 자주 발생한다.

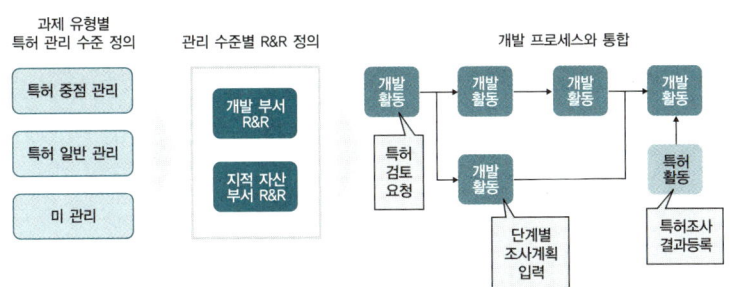

그림 8-9 과제 유형별 특허 관리 수준 정의 (출처: 액센츄어, 2009)

기업은 이런 문제를 보완하기 위해 개발 과제의 유형을 구분하고 유형에 맞는 특허 관리 수준을 정의하여 개발 초기 단계부터 특허 출원 및 특허 회피에 관한 심의 절차를 수립함으로써 특허 관련 이슈를 사전에 방지할 수 있는 체계를 구축할 필요가 있다(그림 8-9 참조).

특허 관리의 수준을 '특허 중점 관리', '특허 일반 관리' 그리고 '미관리' 상태로 구분하여 개발부서와 특허부서의 R&R을 명확히 하고, 이를 개발 프로세스에 통합시킴으로써 특허 관련 이슈에 대한 적절한 대응이 가능하게 해야 한다.

양산성 확보를 고려한 개발
개발부터 생산까지의 BOM 연계

BOM^{Bill of Material}이란 제품을 구성하는 세부 아이템의 계층적인 구성표이다. 제품의 개발과 양산을 위해서는 이러한 BOM이 필요한데, 개발 초기에는 제품의 명확한 스펙이나 사용 부품이 확정되지 않은 상태이기 때문에 BOM 구성이 어려워 정확한 개발비 관리 및 품질 관리가 어려운 측면이 있다. 또 생산에서 사용되는 양산용 BOM은 개발 단계에 사용하기에 그 목적이나 구성 방향, 수준 등에 차이가 있어 개발 단계에서 효율적으로 관리할 수 있는 BOM 체계가 필요하다.

그래서 그림 8-10처럼 제품의 개발 단계별 특성을 반영하여 관리 목적에 따른 BOM을 구분하여 운영하게 되는데 단계별 BOM 간 연계가 원활하지 못할 경우 정보의 단절 및 손실, 양산 단계에서의 운영 이슈가 발생한다.

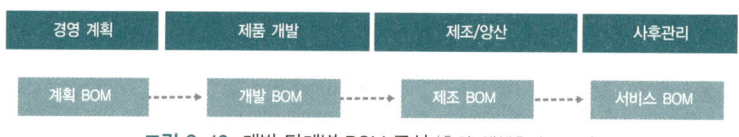

그림 8-10 개발 단계별 BOM 구성 (출처: 액센츄어, 2009)

따라서 개발 초기에는 제품 계획 단계의 원가 관리 및 예측 및 장납기 자재 발주를 위한 계획^{Planning} BOM과 개발 초기부터의 제품 정보 관리를 위한 개발^{Engineering} BOM을 탄력적으로 운영함으로써 제품 정보를 명확하게 관리하고, 품질 이슈에 효율적으로 대응할 수 있도록 해야 한다. 그리고 이러한 정보가 양산에서 사용되는 제조^{Manufacturing}

BOM에 정확히 연계되어 운영되는 구조가 갖추어져야 한다.

이슈의 재발 방지를 통한 문제점 사전 검증 체계

제품과 관련한 이슈는 개발 초기부터 개발 완료 이후 양산 시점에 이르기까지 지속적으로 발생한다. 이러한 이슈는 개발 단계마다 서로 다르게 나타나기도 하고 초기의 이슈가 지속적으로 발생하기도 한다. 또 과거 제품을 개발했을 때 발생했던 이슈가 후속 제품을 개발할 때 다시 발생하기도 한다.

이러한 개발 과정 중에 발생하는 문제점을 효과적으로 관리하여 개발 품질을 조기에 확보하고, 전체 개발 기간을 단축하기 위한 관리 방법론 중 하나가 DFMEA^{Design Failure Mode Effect Analysis}이다(그림 8-11 참조).

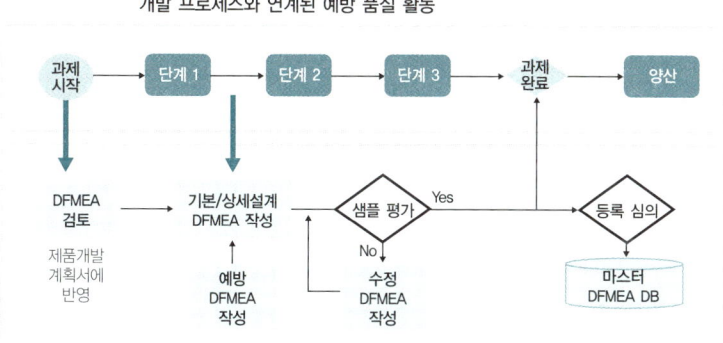

그림 8-11 DFMEA를 활용한 사전 문제점 검증 (출처: 액센츄어, 2009)

DFMEA는 문제점 관리 체계를 개발 프로세스에 통합하여 제품 개발 시 발생할 수 있는 품질 이슈를 사전에 방지함으로써 개발 효율성 증대 및 개발 기간 단축을 가능하게 한다. DFMEA를 적용하기 위해서는 불량 유형별 분류 체계가 정립되어야 하며, 개발 계획서 작성 시, DFMEA 검토를 규정화해야 한다(ISO 규정 준수). 또 새로운 제품의 콘셉트 설계 시 기존의 DFMEA를 바탕으로 보완이 이루어져야 한다.

   글로벌 제조사 E사는 개발 단계의 품질 관리를 위해 의욕적으로 DFMEA를 추진했으나 적합한 관리 시스템이 없어 연구원이 수작업을 통해 엑셀 파일을 관리해야 했다. 과제가 시작될 때마다 기존의 엑셀을 바탕으로 과제에 적합한 DFMEA 구조를 수작업으로 생성했고, 과제가 끝날 때마다 일일이 엑셀을 업데이트해야 했다. 이는 연구원 입장에서 불필요한 부가 업무로 인식되었고, 결국 부서 내에 전담 인력을 두어 형식적으로 문서를 관리하기는 하지만 실제 연구 활동에는 반영하지 못하는 상황에 이르렀다. 이를 해결하기 위해 기존에 통합 관리되지 못하던 R&D 데이터를 R&D 관리 시스템을 이용하여 하나의 DB로 관리하게 하고, 개발 과정에서 DFMEA에 관련된 사항을 시스템에 입력하여 자동으로 DB에 축적되도록 했다. 그리고 문제 해결 과정을 시스템으로 관리하되 제반 이슈가 DFMEA의 해결 과정과 연계되어 수행되고, 기록되도록 프로세스와 시스템을 개선함으로써 과제 수행 중 예상되는 이슈와 반복되는 문제점을 쉽게 식별하여 대처할 수 있게 되었고, 과제 완료 이후에는 편리하게 데이터를 업데이트하여 신뢰할 수 있는 정보가 유지될 수 있게 되었다.

제품화를 고려한 요소 기술 및 선행 개발

   하나의 제품은 여러 단위 기술의 복합체이다. 신제품의 개발은 이러한 단위 기술이 미리 개발되어 있어야 가능하며, 단위 기술이 미리 확보되지 못한 경우 신제품 개발이 불가능하거나 외부에 의존하여 개발해야 한다. 제품을 개발하기 위해 미리 확보되어 있어야 하는 기술의 개발을 선행 개발이라고 하는데, 제품 개발의 로드맵을 고려하여 일정 시점 이전에 개발에 착수해야 한다. 그런데 많은 기업에서 선행 개발 결과가 제품 개발로 이어지지 못하기도 하고, 선행 개발 결과가 만족스럽지 않아 제품 개발이 지연되기도 한다.

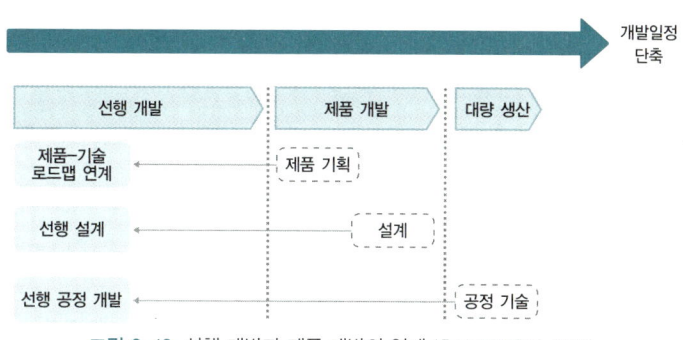

그림 8-12 선행 개발과 제품 개발의 연계 (출처: 액센츄어, 2009)

결국 그림 8-12처럼 선행 기술 개발과 제품 개발 간의 연계성을 강화해야 개발의 효율성이 증대되고, 신제품의 조기 출시가 가능해진다. 통상 선행 개발은 제품 개발과 직접적인 관계없이 장기적인 로드맵에 기초하여 연구소에서 진행되는 경우가 많은데, 선행 개발 초기에 제품 기획을 담당하는 조직이 참여함으로써 선행 개발 결과물이 실제 제품 개발에 반영될 수 있다. 선행 개발 기술의 제품화 비율이 증가되고 연계에 소요되는 시간도 단축시켜 전체적인 제품 개발 운영의 효율성을 크게 향상시킬 수 있다.

이러한 선행 개발-제품 개발의 연계성 강화는 선행 개발과 제품 개발 간의 조직적 연계를 수반하기도 한다. 제품 개발 중 설계 기능의 일부를 선행 개발로 이관하기도 하는데 이는 선행 개발 단계에서 양산화를 고려한 개발이 진행됨을 의미하고, 그만큼 제품 개발 단계에서 설계 업무에 소요되는 기간을 단축시켜 제품 개발 프로세스를 슬림화할 수 있다.

양산 관련 인력의 프로젝트 조기 참여

R&D부서의 목표는 특정한 스펙의 제품을^{Quality} 원가 목표 수준을 만족시키면서^{Cost} 주어진 시간 내에^{Time} 개발하는 것이다. 그러나 기업의 실질적인 이익은 양산 단계에서 얼마나 수율^{Yield}이 나오느냐에 좌우되는 경우가 많다. 반도체의 경우 회로 자체는 목표한 스펙대로 개발 완료되었으나 정작 양산설비에서 발생하는 오차를 고려하지 못한 설계 때문에 결과적으로 목표한 수율이 나오지 않아 기업의 손익구조에 악영향을 끼치는 경우가 있다. 전자제품의 경우도 시각적인 측면에서 혁신적인 디자인을 설계했으나 실제 양산 단계에서 이를 뒷받침할 기술이 없다거나 현장 상황을 고려하지 못한 설계로 인해 양산에 어려움을 겪는 경우가 많다.

　기업들은 이러한 문제를 해결하기 위해 양산 관련 인력을 프로젝트 초기 단계부터 참여시켜 양산성을 고려한 상품의 기획과 설계가 이루어질 수 있도록 지원하고 있다. 과거에는 설계부서의 디자인을 개발 단계의 시제품을 통해 검증한 후 양산부서로 이관하는 형태의 프로세스가 많았으나, 지금은 제품의 콘셉트와 기능을 구체화하는 기획 단계부터 생산에 관련된 인력이 참여하여 실제 양산 단계에서의 효율성을 고려한 제품 개발이 진행될 수 있도록 조율하는 역할을 수행하고 있다. 이는 전체적인 개발 과정에서 재작업으로 인한 시간/비용 손실을 최소화하고, 개발된 결과물이 기업의 이익에 실질적인 기여를 할 가능성을 크게 향상시켜준다.

국내 기업에 대한 시사점

이상과 같이 개발 단계에서 R&D 업무의 운영 효율 향상을 위한 다양한 노력을 살펴보았다. 이러한 점들을 고려할 때 국내 기업들이 제품의 개발을 신속히, 그리고 효과적으로 완료하기 위해 고려해야 할 핵심 요인은 다음과 같다.

첫째, 현재 방식이 최선은 아닐 수도 있다는 점을 늘 상기해야 한다. 연구원들의 노하우와 그 동안의 경험이 축적된 개발 방법론이라 할지라도 원천적으로 한계를 지니고 있을 수 있다. 글로벌 선진 기업들은 끊임없는 혁신을 통해 자신의 한계를 뛰어넘으려 하고 있으며, 개발 방법론 측면에서도 낡은 생각을 버리고 좀 더 효율적인 방법을 찾기 위해 지속적으로 노력하고 있다. 현재 상태에 대한 끊임없는 되물음과 다른 회사의 혁신 노력에 대한 적극적인 이해를 바탕으로 일하는 방법을 꾸준히 혁신하는 자세가 중요하다.

둘째, 부분 최적화가 아닌 전체 최적화가 필요하다. 대부분의 조직은 기능 중심으로 구분되어 있어 해당 부서의 업무 효율만을 극대화하기 위해 노력하는 경향이 있다. 그러나 기업은 다양한 기능들의 집합체이며, 각 부서가 지닌 고유한 기능이 최적화된 형태로 조합되어 움

직일 때 가장 좋은 성과를 낼 수 있다. 단위 부서의 입장에서는 업무가 늘거나 불필요한 단계가 늘어날 수도 있지만 전체적인 R&D 프로세스 측면에서는 오히려 제품 개발 기간을 단축하는 효과를 가져올 수도 있다는 점을 인식해야 하며, 이를 위한 효율적인 협업 구도를 이끌어낼 수 있어야 한다.

셋째, 제품 기획과 개발 초기 단계를 얼마나 충실히 수행하느냐가 제품 개발 프로젝트 자체의 성패를 좌우하는 경우가 많다는 것을 명심해야 한다. 시장이 어떤 스펙의 제품을 언제 원하는지에 대한 검토가 충분히 이루어지지 못한 개발 프로젝트는 결국 그 노력에 대비한 결실을 얻기 어렵다. 이를 위해 제품화 시점과 새로운 기술에 대한 선행 개발 시점이 연계되어 있어야 한다. 또한 출시 시점에 쫓겨 개발 초기의 위험 요인과 이슈 관리를 제대로 수행하지 못할 경우 개발 후반부에 이르러 발생되는 이슈로 개발 지연에 부딪힐 수도 있다. 양산 단계의 효율성을 고려하지 못한 설계로 제품 개발은 완료되었으나 양산 수율 문제로 시장성을 확보하지 못하는 쓰라린 경험을 맛볼 수도 있다. 다소 시간이 걸릴지라도 다양한 조직의 인력이 참여하여 제품 개발 초기 단계를 튼튼히 거쳐 가는 것이 결과적으로 제품 개발을 앞당기는 지름길이 될 수 있음을 명심해야 한다.

E-랩 노트북

일본의 한 제약회사의 경우, 신약 개발 기회를 극대화, 신속화, 효율화하기 위한 목적으로 E-랩 노트북Laboratory Notebook을 도입하여 글로벌 정보 공유 체계를 구현했다.

이 기업은 연구 노트가 연구원들의 수작업으로 관리되어 각 지역 내 또는 글로벌 협업 수행 시 정보 공유에 어려움이 많았다. 한 프로젝트가 완료된 이후 다음 프로젝트에서 과거 실험 결과물을 활용하여 더 나은 결과를 도출하고자 할 때도 분산 관리되는 정보를 수집하는 데 상당한 시간과 노력이 소요되어 비효율이 발생하고 있었다.

그래서 연구원들의 연구 수행 정보를 온라인화 하여 E-랩 노트북에 등록하고, 보안을 고려하여 각 지역 내에서 공유할 정보와 글로벌 수준에서 공유할 정보를 구분 관리했다. 등록된 정보는 글로벌 통합 DB의 형태로 저장되어 필요한 경우에는 적절한 허가 절차를 거쳐 언제든지 접근하여 재활용할 수 있게 했다.

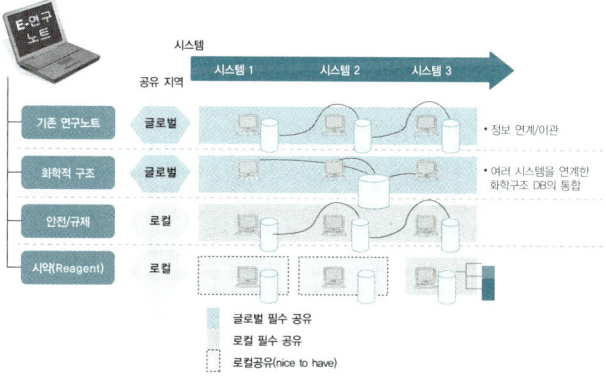

그림 8-13 글로벌 E-랩 노트북 운영 (출처: 액센츄어, 2009)

E-랩 노트북 구조에서 실험을 계획하는 연구원은, 글로벌 연구원 간에 공유되고 있는 연구 노트를 검색하고, 유사한 실험 구조 및 시약, 화합 방법 등을 가진 내용을 검색하여 참고자료로 사용한다. 만일 계획한 실험에 실패하였을 경우, 동일하거나 유사한 실험과 연관된 연구원과 실험 결과를 공유한 후, 신규 아이디어를 얻기 위한 토론을 수행한다.

기본적으로 모든 화학 실험은 축적 및 공유되어야 함을 원칙으로 하고 성공 사례와 실패 사례 모두를 등록하는데, 예외적으로 공유 시 지적재산권을 침해하는 외부기관 자료나 자사 단독의 실험이라 할지라도 관리 측면에서 공유 정책에 위배된다고 판단할 경우는 등록하지 않을 수 있다.

이러한 E-랩 노트북 구축을 통해 글로벌 연구원 간의 실험 내용을 공유할 수 있게 됨에 따라 실험 계획에 필요한 과거 시행착오의 내용과 정보를 참고할 수 있게 되었다. 결과적으로 E-랩 노트북 작성과 공유로 신약 개발의 속도와 효율성이 증진되었고 전 세계 개발자들 간 정보 공유의 기반을 확보했다.

목적별 BOM 체계 운영

한 글로벌 전자업체의 경우 BOM 정보가 제조 실행만을 위한 기준 정보로서, 경영 계획, 예측, 품질/원가 분석, 제품 개발 등 업무 목적별 활용상 한계가 존재했다. 또 글로벌 사업 환경 및 제품 다변화에 부적합한 BOM 운영체계로 제조 및 구매 부문에서 계획과 실행이 이원화되는 문제가 있었다. 특히 부문별/

목적별 필요 기준 정보에 대한 관리가 미흡하고, 매번 필요에 따라 수작업 가공을 통해 정보를 생성해냄으로써 실행 오류 위험에 상시 노출되어 있었다.

하지만 개발 초기 단계에서는 불확정 상태인 정보가 많아 양산 단계에서 관리하는 레벨 정보가 입력되기 어려웠으며, 개발 단계의 BOM은 수시로 변하는 특성이 있었다. 또 샘플 제작이나 구매 관리를 위한 BOM 정보의 필요성은 있었지만 이를 위해 별도의 BOM을 관리하기에는 부담이 너무 컸다.

따라서 원천 데이터를 개발 단계의 진행에 맞추어 관리하고 이러한 정보를 각 부서의 요구사항에 맞게 보여줄 수 있어야 한다는 두 가지 목표의 달성이 필요했고, 실제 BOM과 가상의 BOM을 구분하여 목적별로 BOM을 운영함으로써 이를 가능하게 할 수 있었다.

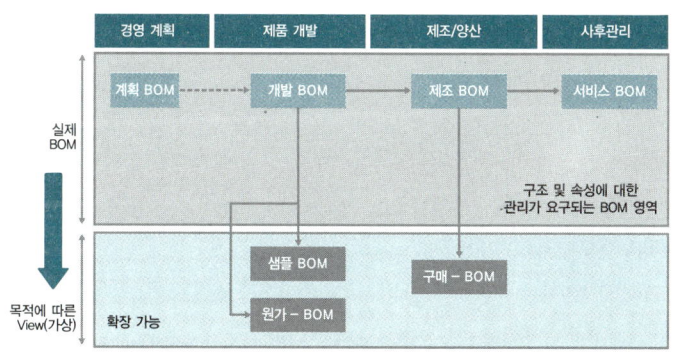

그림 8-14 목적별 BOM 체계 (출처: 액센츄어, 2009)

이를 통해 목적에 따른 필요 BOM의 즉시 제공으로 정보 획득 경로 단축 및 신속한 업무 대응이 가능해졌다. 또 자재의 필요성에 대한 장기 전망이 가능해짐에 따라 자재 대응력 강화로 인한 제조 실행력 극대화 효과도 달성할 수 있었다.

애자일 방법론 기반 소프트웨어 개발

글로벌 제조 기업 M사는 자사의 전자기기에 탑재되는 응용 프로그램 개발에 어려움을 겪고 있었다. 개발 토대가 되는 운영체제가 지속적으로 변하고 있었고, 기기 자체도 기능별로 다양한 라인업을 구성하고 있어 각 제품에 맞는 응용 프로그램 개발 부담이 상당했다. 또, 개발 과정에서 발생하는 다양한 이슈들을 효과적으로 제어하지 못해 개발 후반부에 이르러서야 치명적인 오류들을 알게 되어 이를 해결하느라 전체 개발 일정이 지연되는 경우가 다반사였다.

당시 M사의 개발 방법론은 전통적인 폭포수 방법론을 채택하고 있어 설계상의 문제점을 테스트 단계에 이르러서야 알 수 있었고, 기기에 탑재되는 여러 응용 프로그램들 간의 연계성 이슈도 사전에 알기 어려웠다.

그래서 M사는 기존의 방법론을 애자일 콘셉트를 적용한 스크럼 방법론으로 전환을 시도했다. 이를 위해 개발이 필요한 기능 등을 각 팀별로 배분하고, 일정 주기의 스프린트 기간을 정해 해당 기간 내에 개발 단위에서의 설계-구현-테스트의 한 사이클이 진행될 수 있도록 했다. 또 기준 스프린트 기간 내 구현 가능한 기능의 번들링을 통해 단위 스프린트에서 꼭 달성되어야 할 목표치를 정의하고, 구현 초기의 스프린트는 단위 기능에 집중하며, 후기 스프린트는 복합 기능에 집중하도록 밸런싱을 조절했다.

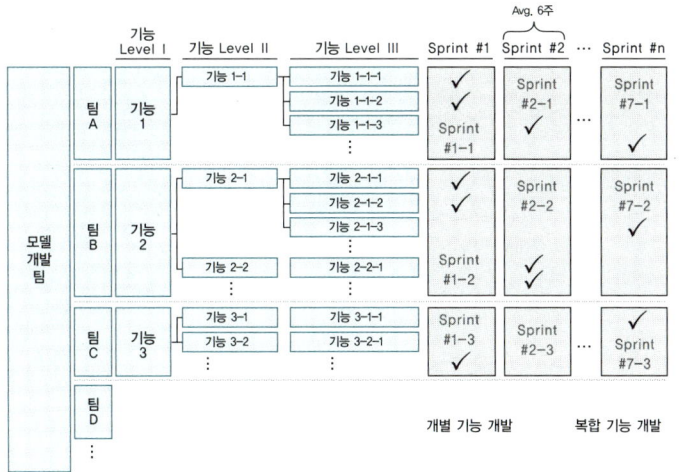

그림 8-15 애자일 방법론을 적용한 개발 방법론 (출처: 액센츄어, 2009)

이러한 방식은 품질 검증 방식에도 변화를 가져왔는데 품질 검증을 전체 개발 단계의 후반부에 집중적으로 하는 것이 아니라 개발 초기 각 스프린트 내 품질 검증을 개발 엔지니어가 담당하여 개발 리드타임 이슈를 최소화 했다. 이를 통해 제품 개발 이후에도 고질적으로 발생하는 오류를 제거할 수 있었고 제품 개발 기간 또한 단축시킬 수 있었다.

마치면서_

2007년 애플의 아이폰이 처음 등장했을 때 뒤통수를 맞은 듯한 느낌은 지금까지도 지울 수가 없다. 그 후 3G, 3Gs, 4로 한 단계씩 진화할 때마다 보여준 아이폰의 혁신은 놀라움 그 자체였다. 2009년 아이폰이 국내에 도입된 이후, 관련 산업의 지형은 또 얼마나 많이 바뀌고 있는가?

그 동안 국내 전자 산업을 대표하는 기업들에게 오랫동안 컨설팅을 해 왔지만 이러한 혁신적인 제품을 만들지 못하는 우리 기업들을 보면서 늘 아쉬움을 느껴왔다. 혁신을 주도하는 기업만이 살아남을 것이라고 외치는 사람은 수없이 많지만 어떻게 하면 기업들이 혁신적인 제품을 만들 수 있는지, 혁신 아이디어는 어떻게 만들어 낼 수 있는지 구체적인 방안을 제시하는 경우는 찾아보기 힘들었다.

액센츄어에 몸담아 온 지 10년도 훌쩍 넘은 지금에서야 이 책을 써야겠다는 생각을 갖게 된 것도 2009년 국내에 아이폰이 도입되고 많은 기업들이 자극 받아 부산하던 바로 그 즈음이었을 것이다. 10년이 넘는 시간 동안 액센츄어에서 배우고 느낀 것을 조금이나마 나누고,

이를 통해 우리 기업들이 글로벌 혁신을 주도하는 선진 일류 기업으로 변화할 수 있도록 보탬을 드리고자 하는 생각에서 책을 써야겠다는 결심을 하게 되었다.

이 책에 소개된 R&D 혁신 방법론과 운영 프로세스는 그동안 글로벌 리딩 컴퍼니Global Leading Company와 수행한 수많은 프로젝트를 통해 쌓아온 노하우를 집대성해 만들어졌다. 그리고 국내 기업에 대한 시사점을 첨언함으로써 이러한 R&D 혁신 방법론을 적용함에 있어 국내 기업들이 놓치기 쉬운 요소들까지 세심하게 기록해 두었다.

액센츄어코리아 경영컨설팅 SCM 김용범 상무, 이재관 이사, 장진석 이사, 주윤성 이사, 하형철 이사, 박성희 부장, 서호준 부장, 유영진 부장, 전해인 부장, 조윤원 부장 등 그동안 수많은 기업들을 컨설팅 해온 R&D 최고 전문가들의 경험을 응집하여 만든 ≪R&D 혁신의 기술≫이 더 많은 분들에게 전해지고, 국내 R&D 혁신을 주도하는 초석이 되었으면 하는 것이 작은 바람이다.

끝으로 이 책이 나오기까지 지원을 아끼지 않은 이진 액센츄어코리아 대표이사, 경영컨설팅 부문 박영훈 대표, 통신전자 산업 부문 이지은 대표 및 액센츄어코리아 구성원 여러분께 다시 한 번 감사의 말씀을 드리며, 마지막까지 교정을 위해 고생을 많이 한 조봉수 과장과 항상 바빠 같이 지내는 시간이 적지만 나를 이해해 주는 아내와 가족에게 진심으로 고마움을 전한다.

대표 저자 김정욱 전무
액센츄어 경영컨설팅 SCM Lead

찾아보기_

ㄱ
가치계층 피라미드 121
개발 BOM 241
개발 방법론 227
개방형 개발 모델 도입 151
개방형 혁신 23, 24, 132
개방형 혁신 핫스팟 147
거점 확산 전략 171
계획 BOM 240
공급망 상의 효과에 대해 분석 178
공동 개발 142
공용성 159
공용회 173
규모 기반 164
규모 기반 제품군 160
규모의 경제효과 159
그라운드스웰 44
글로벌 R&D 189
글로벌 R&D 조직 유형 192
글로벌 이노베이션 리더 6
기본 모듈 159
기술경영 118
기술 라이선싱과 분사 134
기술 로드맵 76
기술 영향도 114
기술적 해결책 177
기술 트리 112
기술 평가 114

ㄷ
단종 결정 프로세스 175
대량 맞춤 157
대안 기반 동시공학 225
대안 기반 설계 230
동시공학 227

디지털 마케팅 46

ㅁ
머신건 전략 74
멀티 플랫폼 전략 177
모듈 159
모듈 간 인터페이스 표준화 161
모듈 기반 160
모듈 기반 제품군 160
모듈 최적화 단계 178
모듈화 25, 159
모듈화 방법론 177
모듈화의 핵심 동인 177
모듈화 콘셉트 구성 178
모토로라 207
무확산 전략 168

ㅂ
버킷 82
보상 제도 138
보텀업 접근 방법 166
본부 글로벌 조직 190
부품 로드맵 237
부품 선행관리 236
비용 접근법 123
비정규 사양의 플랫폼 정규화 작업 180

ㅅ
사업성 검증 137
서비스 데이터 49, 50, 51
선순환 시스템 148
선택 모듈 159
선행 개발 243
선행 개발-제품 개발 244

선행 관리 237
선행 기술 개발 243
셀 219
수익 접근법 123
수직적 확산 전략 170
수평적 확산 전략 169
순현가 모형 80
순환형 제품 개발 체계 56
스나이퍼 전략 74
스코어링 모델 80, 86
스크럼 233
스프린트 구현 목록 233
시장 접근법 123
시제품 234
신기술 획득 프레임워크 24

ㅇ
아웃소싱 219
아이디어 관리 136
애자일 231
양산성 228
연구개발 13
인큐베이팅 140

ㅈ
자기잠식 174
자체 개발 142
제품 개발 지원 활동 198
제품 개발 프로세스 244
제품군 159
제품 데이터 인텔리전스 200
제품 로드맵 76, 237
제품 수명주기 175
종합적 가치 평가 모델 88
주요 제품 개발 활동 198
지역 조직 190

ㅊ
차별성 159

ㅋ
컨버전스 15, 209

ㅌ
톱다운 접근 방법 165
통합 고객 관리 체계 53

ㅍ
파운드리 209
파트너링 모델 제품 포트폴리오 150
패스트 팔로워 107
폐쇄형 혁신 134
포트폴리오 관리 77
포트폴리오 관리 체계 24
폭포수 개발 방법론 231
품질 기능 원가 전개 63
품질 기능 전개 60
품질집 60
프로젝트 매니지먼트 77
플랫폼 25, 159
플랫폼/모듈화를 통한 제품 개발 효율화 157
플랫폼 수명주기 175
플랫폼 확장 176

ㅎ
혁신의 선두주자 107
혁신 주도형 경제 모델 5
혁신 패러다임 전환 134
협업 228
협업 R&D 208
형상 관리 15
후지쓰에 켄조 118
흡수 개발 142

A
agile 231

B
B2B 개방형 혁신 체계 150
bucket 82

C
cannibalization 174

competitive impact 114
concurrent engineering 227
configuration management 15
convergence 15, 209
CXD 207

E
economics of scale 159
E-랩 노트북 247

F
fast-follower 107
feasibility test 137

H
HOQ, House of Quality 60

I
innovation-leader 107

K
key driver 177
KX 217

L
Laboratory Notebook 247

M
machine gun 74
MECE 112
modularization 159

N
net present value 80

O
open innovation 23

P
PDM, product data management 시스템 77
platform 159
platform extend 176

platform life cycle 175
PLM, Product Lifecycle Management 96
PPA, Production Pull Ahead 181
PRM, Product Roadmap 76
product family 159
product life cycle 175
product modularization methodology 177

Q
QFCD, Quality Function Cost Deployment 63

R
R&D 13
R&D 공유 서비스 198
R&D 딜리버리 센터 206

S
scrum 233
set-based design 230
Shell 219
sprint backlog 233
strategic fit 84

T
Technology Tree 112
Texas Instruments 208
TI 208
Time to Market 226
TRM, technology roadmap 76

W
waterfall methodology 231

에이콘출판의 기틀을 마련하신 故 정완재 선생님 (1935-2004)

R&D 혁신의 기술
R&D 혁신을 위한 7가지 핵심 실행 전략

초판 인쇄 | 2011년 4월 21일
2쇄 발행 | 2012년 10월 15일

지은이 | 액센츄어

펴낸이 | 권성준
엮은이 | 김희정
    황지영
표지 디자인 | 김준영
본문 디자인 | 박진희

인 쇄 | (주)갑우문화사
용 지 | 진영지업(주)

에이콘출판주식회사
경기도 의왕시 내손동 757-3 (437-836)
전화 02-2653-7600, 팩스 02-2653-0433
www.acornpub.co.kr / editor@acornpub.co.kr

Copyright ⓒ 에이콘출판주식회사, 2011, Printed in Korea.
ISBN 978-89-6077-174-1
ISBN 978-89-6077-196-3 (세트)
http://www.acornpub.co.kr/book/rd-innovation

이 도서의 국립중앙도서관 출판시도서목록(CIP)은 e-CIP 홈페이지(http://www.nl.go.kr/cip.php)에서 이용하실 수 있습니다. (CIP제어번호: 2011001733)

책값은 뒤표지에 있습니다.